Alexandre Cormont

CONFIDENCES D'UN *love coach*

« LES VRAIS SECRETS POUR ÊTRE HEUREUX EN AMOUR ! »

Designer: Enzo Ancenis
enzo.ancenis@gmail.com

SOMMAIRE

INTRODUCTION

Au sein de cet ouvrage, je vais vous livrer mes confidences qui sont en réalité toutes les phrases que j'aurais aimé recevoir dans mon enfance, de la part de mes proches à chaque fois qu'on m'a parlé d'amour.

Je me suis installé il y a maintenant presqu'un an en Floride afin de pouvoir continuer à évoluer et toucher un maximum de personnes. J'ai la chance de pouvoir être reconnu comme le love coach numéro 1 en France et sûrement même en Europe, mais ce n'était pas suffisant pour moi car je voulais vous aider encore davantage à comprendre les dynamiques amoureuses, à proposer des solutions adaptées et révolutionner votre vie sentimentale mais aussi de façon plus globale votre épanouissement personnel.

Je me suis réveillé un matin en ayant la sensation qu'il fallait que je me lance un challenge. Comme je suis un passionné de relations humaines, j'ai eu naturellement envie de rencontrer les plus grands coachs, psychologues ou scientifiques et être en immersion dans leurs milieux. Et quoi de mieux que de se retrouver dans une ville ensoleillée où l'on peut croiser et dialoguer avec ces grands leaders de l'amour et du développement personnel ?

Les États-Unis représentent l'endroit idéal lorsqu'on veut être en immersion et que l'on souhaite faire évoluer ses idées. C'était donc pour moi un choix d'une logique implacable, un peu comme celui d'écrire cet ouvrage.

Je me suis aperçu au cours de ces dix dernières années, en accompagnant des hommes et des femmes de tous les profils et dans de nombreux pays du monde, que nous avions plusieurs fausses croyances qu'il m'était indispensable de démentir. C'est déjà ce que je m'évertue à faire lors des séances de coaching mais je tenais à m'adresser au plus grand nombre.

Cela fait donc plusieurs mois que je me suis entièrement consacré à l'écriture de cet ouvrage afin de vous guider. Tout ce que vous y trouverez ne me fait pas particulièrement plaisir à dire, j'aurais aimé comme vous que l'amour soit plus simple et plus naturel, mais vous trouverez en revanche des explications précises avec conseils et astuces qui apportent de vrais résultats et un bien-être plus profond.

Ce livre est pour moi « la réalité du terrain ». Vous allez y trouver des réflexions qui vont vous permettre de ne plus rester dans des schémas négatifs et au contraire qui vous aideront à être totalement heureux ou heureuses dans votre vie sentimentale et personnelle.

Et si je vous disais qu'à chaque problème il existe une solution, me croiriez-vous ?

C'est le pari que je tente avec cet ouvrage et mon métier formidable, qui consiste à répondre à toutes vos interrogations concernant le domaine sentimental, même si parfois cela va à l'encontre de ce que l'on vous a toujours dit sur l'amour.

Je vais développer, tout au long de cet ouvrage, la notion « d'amour rêve ». Il s'agit tout simplement d'utiliser toutes vos capacités pour devenir acteur ou actrice de votre vie sentimentale et pour en faire un conte de fées qui vous appartient.

Vous allez constater également que j'accorde une importance capitale à la notion de séduction. Pour la petite histoire, c'est en 2007 que j'ai créé mon premier blog de coaching en séduction afin d'aider des hommes et des femmes à prendre confiance et à s'ouvrir à la rencontre amoureuse positive. J'étais (et je suis toujours) un fervent défenseur de l'amour authentique, mais vous allez découvrir au fil de votre lecture qu'il est nécessaire d'adapter ce concept pour en profiter pleinement.

Depuis 10 ans donc, j'ai basculé de la séduction vers la thérapie de couple, puis vers la rupture amoureuse et enfin vers l'épanouissement personnel. J'ai développé de nombreux outils qui vous aideront à prendre en main votre vie sentimentale et à accéder à ce bonheur auquel vous aspirez.

Quand je me rends compte aujourd'hui que je suis capable d'aider des hommes et des femmes de tous les milieux socioculturels à se remettre en couple même après un divorce, je me dis que tout est possible en amour à condition de recevoir les bons conseils et d'agir de la bonne façon.

Je vais même m'autoriser à être un peu présomptueux. J'ai l'impression que tout est possible dans la vie d'une manière générale. En effet, quelques années en arrière, jamais je ne me serais imaginé en train d'écrire un ouvrage à Miami avec une équipe de plusieurs partenaires en or que je tenais absolument à remercier dans cette introduction.

Avant de devenir coach en amour, j'étais un jeune homme pas tout à fait ordinaire. En réalité, j'étais même plutôt différent de 95 % des enfants de mon âge mais je ne m'en rendais pas forcément compte. Dès l'âge de 5 ans, je passais tout mon temps libre sur les terrains de basket-ball et j'ai quitté ma famille à l'âge de 15 ans pour rejoindre l'un des meilleurs sports -études en France.

J'avais un rêve, celui de fouler les parquets de NBA (le championnat nord-américain). Pour autant, mes parents m'ont toujours aidé à garder les pieds sur terre et malgré des succès comme un double titre de champion de France j'ai continué mes études à l'université afin de réussir mon master en ressources humaines.

Et grâce au sport, j'ai développé depuis mon plus jeune âge une vraie passion à comprendre les fonctionnements de notre cerveau et à étudier les relations humaines. À partir de mes 12 ans, j'ai reçu des cours de P.N.L. et d'hypnose afin de m'aider à prendre confiance en moi et à me surpasser sur le terrain, mais je ne le savais pas. Je pense que j'étais encore trop jeune pour m'en rendre compte. En effet, chaque mercredi je recevais la visite d'un expert qui m'aidait par des exercices de visualisation et de respiration à prendre le contrôle de mes émotions, à me sentir plus fort, à me voir réussir de grandes choses.

Quand vous avez 12 ans ou même un peu plus, vous ne vous rendez pas exactement compte de ce qu'il se passe en vous et du pouvoir de votre esprit ou plutôt de votre cerveau. Désormais, je prends conscience que j'ai baigné dans un environnement très privilégié et c'est aussi l'une des raisons qui me poussent à vous transmettre le meilleur.

En parallèle de ma dernière année d'études et parce que je m'ennuie très vite du quotidien, j'ai décidé de créer un blog sur la séduction. Ce fameux site dont je vous parlais un peu plus haut, qui a lancé ma carrière de coach.

Depuis, je dois avouer que mon évolution ne s'est pas réalisée facilement, elle a été le fruit de nombreuses années de travail acharné, d'études et de recherches pour analyser nos comportements amoureux et savoir comment nous pourrions obtenir plus de bonheur. Je suis très heureux de vous livrer aujourd'hui mes confidences les plus profondes et les plus importantes à mes yeux.

" Pourquoi j'aime tant mon métier ? "

Depuis 2007, j'ai eu la chance d'accompagner en face-à-face, par téléphone, par email ou avec mes conférences plus de 15 000 personnes. Et si je peux vous dire une chose avant de commencer mon ouvrage, c'est que mon métier m'a appris la vie !

J'ai été confronté à des situations qui bouleversent une personne, comme la première fois où une femme m'a parlé d'un viol qu'elle avait vécu dans son enfance. C'était tout simplement la première « claque » que j'ai reçue dans ma vie.

Ce métier est loin de ressembler à ce que vous avez pu imaginer ou voir à la télévision. En tant que coach en amour, mon rôle est d'aider une personne à évoluer en profondeur et très souvent il y a des vieilles blessures du passé qui ressurgissent.

Il m'a fallu alors me former afin de répondre « présent » face aux divers besoins que j'ai rencontrés de la part de mes coachés. J'ai donc suivi une formation en PNL (Programmation Neuro Linguistique) et une autre en coaching pour venir compléter mon master universitaire. J'ai aussi énormément suivi les experts du développement personnel et ce sont toutes mes formations, ainsi que mes lectures du quotidien qui m'ont permis d'affiner ma philosophie.

Quand je lis un ouvrage, j'ai toujours l'impression de gagner 10 ans d'expérience de vie, je souhaite qu'il en soit de même pour vous aujourd'hui avec mes confidences.

> *En écrivant cet ouvrage, je me suis fixé un objectif précis : vous aider à ne pas attendre qu'un événement malheureux vous fasse prendre conscience de la valeur de l'amour.*

Je ne veux pas vous en parler pour vous faire larmoyer mais c'est une des raisons pour lesquelles ma philosophie a grandement évolué et contribué à changer la vie de millions de Français en matière d'amour et d'estime de soi.

Le décès de mon père a sonné comme un « putain » d'électrochoc. Je me suis réveillé après deux nuits blanches à ruminer et j'ai enfin pu me créer ma PROPRE définition de l'Amour.
Je veux que ce livre vous aide à faire de même car nous sommes dans une société où l'expression de soi n'est pas toujours simple, tant elle est guidée par le qu'en-dira-t-on, par le cinéma ou par les divers livres qui parlent d'amour romantique.

Combien de fois ai-je entendu « Non mais Alex, tu ne vas quand même pas un faire métier qui n'est pas reconnu ? » ou encore « Mais pourquoi tu crées un site internet ? Ça ne sert à rien.» De fausses croyances, des préjugés et parfois même des diktats...

Je ne me plains pas, j'ai eu beaucoup de chance de trouver parmi mes proches des personnes qui m'ont largement soutenu et permis d'en arriver où j'en suis aujourd'hui. Simplement regardez bien dans votre vie et observez à quel point on essaye de vous dicter ce que vous devez faire ou ne pas faire.

Comment voulez-vous ensuite avoir une vie de rêve ? Comment pouvez-vous prendre les bonnes décisions ? Ne plus subir vos émotions négatives ? Ou tout simplement avoir confiance en votre INTUITION.

Ce n'est pas un constat pessimiste, c'est une réalité. Vous avez le droit d'aimer et d'être heureux au quotidien.

Avec toutes les histoires que vous allez lire dans cet ouvrage, vous comprendrez aisément pourquoi j'aime tant mon métier. Il n'y a rien de plus beau pour un être humain que de savoir qu'il est utile aux autres, qu'il apporte une forte valeur ajoutée et qu'il est capable de guider de nombreuses personnes à être plus heureuses dans leur vie.

J'ose espérer que vous apprécierez cet ouvrage car j'ai pris un grand plaisir à le réaliser. Débutons immédiatement avec les premières grandes croyances que nous avons tous et qui peuvent parfois nous empêcher d'être heureux.

CHAPITRE 1

Confidences et leçons d'un love coach

Cette première partie est placée sous le signe du « Pourquoi ? ».

Je tiens à vous expliquer, en profondeur, comment nous en sommes tous arrivés à faire des erreurs en amour et bien évidemment comment vous allez pouvoir très rapidement modifier votre comportement.

Je vais évoquer avec vous l'ensemble des fausses croyances qui vous empêchent de réellement étudier et de comprendre vos problématiques amoureuses.

Je les ai subdivisées en quatre grandes sous-parties. La première est plus générale, elle abordera des thèmes du développement personnel, la deuxième est consacrée à la séduction et la rencontre amoureuse, la troisième à la vie de couple, et enfin, la quatrième à la rupture amoureuse.

Chaque fausse croyance a pour objectif de vous transmettre une leçon mais aussi des actions à mettre en place immédiatement dans votre vie pour attirer la bonne personne ou pour améliorer votre relation actuelle.

Prenez bien le temps de méditer sur l'ensemble de mes mots et ne réagissez pas trop vite car certaines phrases pourront vous permettre de vous interroger, voire même vous choquer, mais elles ont toutes une explication.

CHAPITRE 1
PARTIE 1

Général – Développement personnel

Avant de vous parler d'amour et de sentiments, j'avais envie d'évoquer les relations humaines au sens large mais aussi la notion d'amour de soi. La confiance personnelle est la base d'une vie riche et réussie et c'est la raison pour laquelle je vous en parlerai longuement tout au cours de cet ouvrage. En effet, la vie amoureuse est liée à ce concept de confiance et si vous comprenez cet aspect alors vous évoluerez bien plus vite.

N'hésitez pas à laisser s'exprimer pleinement vos envies et votre personnalité. Quand vous tenez en main cet ouvrage ou que vous lisez la version électronique, sachez que vous avez le droit d'être pleinement vous-même et devenir acteur de votre vie amoureuse et personnelle.

À noter également qu'à chaque fois que je vais employer le mot « amour », vous pourrez le prendre au sens large et non simplement lié à la relation conjugale.

1

IDÉE PRÉCONÇUE

LE BONHEUR VIENT DU FAIT D'ÊTRE À DEUX !

La première idée que j'ai reçue de l'amour était qu'il fallait absolument être en couple pour être heureux. Je me souviens avoir eu une petite copine, assez tardivement par rapport à mes amis, et tous me demandaient tout le temps : « Mais comment fais-tu pour ne pas être intéressé par les filles ? ».

Je répondais : « Mais j'ai le basket-ball moi, je n'ai pas le temps pour autre chose et ça ne m'intéresse pas. »

Je souris bêtement en écrivant ces lignes car je me revois il y a plus de 20 ans en train de dire à mon frère : « Je n'aime pas les filles, j'aime le basket ! ».

Tout cela pour vous dire que nous sommes, depuis notre plus jeune âge, largement influencés par cette idée que seuls, nous ne pouvons pas être épanouis. Il nous faut absolument une personne à nos côtés.

Je peux vous dire aujourd'hui avec certitude qu'être en couple ne signifie pas être heureux et que l'amour n'apporte pas toujours le bonheur. Bien évidemment c'est un tremplin et un moyen pour pouvoir s'épanouir dans son quotidien, mais vous devrez aussi accepter l'idée qu'il est nécessaire d'être heureux seul(e) avant de pouvoir se projeter vers une relation stable, enrichissante et épanouissante.

" Pourquoi cette idée préconçue est fausse ? "

Au travers de mes expériences, je me suis aperçu que le bonheur en amour était surtout un équilibre entre nos différentes vies. Que ce soit le côté personnel, professionnel, sentimental, amical et familial, tout est intimement lié.

Quand nous nous focalisons sur la vie sentimentale et forcément le besoin d'être à deux ou encore le besoin d'avoir une personne à nos côtés, nous tombons quasi inévitablement dans la dépendance affective. Si vous faites une fixation sur votre moitié vous ne ferez que vivre à travers votre partenaire et vous ne pourrez pas vous épanouir pleinement.

Je discutais il y a quelques semaines avec un entrepreneur français ici à Miami et il m'a dit une phrase que j'avais déjà entendue et qui me semble très pertinente à tous les niveaux de notre vie :

> *L'entreprenariat c'est travailler à réaliser votre rêve, car sinon c'est quelqu'un d'autre qui va vous faire travailler afin de réaliser le sien.*

En amour c'est absolument identique. Si vous ne faites que donner de l'attention et que vous oubliez votre vie personnelle alors vous accomplirez uniquement les rêves de votre partenaire et rien ne présage que vous aurez trouvé un bon équilibre dans le couple et que vous accomplirez les vôtres !

Alors pour éviter de céder au besoin d'amour absolu et perpétuel, au besoin d'être à deux en permanence, je vous invite à toujours vous demander « Comment en arriver à une vie sentimentale positive ? ». C'est la seule question qui doit être présente au quotidien dans votre esprit.

" Comment avoir une vie sentimentale de rêve ? "

Nous sommes actuellement rentrés dans une ère que j'appelle « amour rêve ». Votre objectif est désormais de faire en sorte que la personne qui partage votre vie apprécie votre complicité et puisse se sentir pousser des ailes dans son quotidien.

L'amour rêve est le meilleur moyen de pouvoir équilibrer ses différentes vies et en parallèle de s'investir à créer une vie amoureuse sur mesure. Vous avez le droit de prendre le contrôle de vos sorties, d'innover, de laisser parler vos envies quel que soit votre statut actuel, célibataire ou en couple.

Plus précisément, je dirai que l'amour rêve est le centre de ma philosophie. Je considère que nous pouvons tous et toutes devenir acteurs ou actrices de notre quotidien, et ainsi obtenir la vie sentimentale que nous aimerions vraiment avoir.

Ce trait de ma philosophie me permet de vous booster, de vous transmettre des missions, de surtout vous donner envie d'être vous-même et de combattre les différentes problématiques telles que le manque de confiance, la dépendance affective, la routine ou encore les problèmes de communication.

" Sortir de la dépendance amoureuse, est-ce possible ? "

Avant de réaliser cet ouvrage, j'ai effectué des sondages afin de pouvoir m'assurer que j'allais répondre à toutes vos questions. Je tenais absolument à vous faire part de mes expériences mais également à vous apporter des éléments concrets face à vos interrogations de tous les jours.

J'ai pu constater que la dépendance affective était une notion qui revenait très souvent. Vous avez du mal à équilibrer votre vie, vous ne savez pas comment prendre confiance en vous ou tout simplement comment être réellement en phase avec votre vie sentimentale.

J'ai une confidence à vous faire, j'ai pendant très longtemps été incapable de gérer mes émotions en amour. Sans forcément être dans une dépendance affective extrême, je ne faisais que vivre à travers ma partenaire au point de relayer au second plan l'ensemble de mes passions comme le sport ou même ma famille, à qui je donnais beaucoup moins d'attention.

Un beau jour et grâce à l'impulsion donnée par mes proches, je me suis dit « Alex, ça suffit ! ». J'ai décidé de réaliser une « diète » de l'amour en restant célibataire pendant plusieurs mois sans chercher à séduire ou rencontrer des femmes. Mon objectif était de pouvoir pleinement me recentrer sur mes rêves et sur moi-même.

Cette période m'a permis d'apprendre à gérer mes émotions et notamment celles liées à
mes peurs : « Et si j'étais incapable de retrouver une personne bien ? ».
Mes doutes sur le bonheur : « Comment vais-je faire pour être heureux à nouveau ? ».
Ou encore sur mes projets personnels : « Est-ce que ça va vraiment fonctionner ? ».

Cette période de latence m'a demandé beaucoup de contrôle émotionnel mais je me suis surtout très rapidement aperçu qu'il y avait plusieurs moyens de donner et de recevoir de l'amour.

J'étais très fier d'avoir pu en finir avec la dépendance à l'amour, cette drogue qui nous rend faibles et insatisfaits.

La chose la plus importante à mes yeux a été de comprendre qu'à cet instant précis je n'aurai plus jamais d'histoire uniquement pour combler un vide dans ma vie, mais que je pouvais très exactement devenir maître de celle-ci, que j'allais au final pouvoir bénéficier d'une relation amoureuse désirée et grâce à laquelle je pourrai obtenir plus de bien-être dans mon quotidien.

Je ne vous demande pas forcément de réaliser les mêmes actions que moi mais je vous invite plutôt à découvrir les bonnes méthodes qui vous aideront à concevoir la notion de couple comme un bien-être supplémentaire et non plus comme une nécessité absolue pour combler un manque ou répondre à une logique sociétale.

Vaincre une dépendance affective n'est jamais simple, mais c'est un processus qui vous fera énormément grandir. Et comme je vous l'expliquais, il est grand temps pour vous de ne plus voir que les côtés négatifs mais d'imaginer aussi ce dont vous serez capable si vous arrivez à créer une vie sentimentale à la hauteur de vos envies, de votre imagination et même de vos désirs les plus fous !

Vous allez pouvoir relayer les idées reçues au second plan, et enfin adopter l'amour rêve dans votre vie. De quoi recevoir un maximum de bonheur même si jusqu'à présent vous aviez plutôt l'habitude de souffrir en amour.

Ne perdez jamais de vue la notion de BONHEUR !

Comme vous vous en rendez compte, l'amour n'est pas une chose simple et c'est la raison pour laquelle mon formidable métier a fait son apparition. La société est en pleine mutation et son évolution conduit à un bouleversement de nos vies sentimentales.

Le facteur le plus important que j'intègre dans tous mes coachings est la notion de « Bonheur ». J'évoquerai tout au long de cet ouvrage l'importance de l'amour rêve mais je peux d'ores et déjà vous dire une chose : n'essayez pas de combler tous les besoins de votre partenaire car vous vous lancerez dans un combat perdu d'avance.

Si vous observez bien les personnes autour de vous (et peut-être est-ce votre cas ?), elles ont tendance à donner de l'amour pour conserver leur partenaire.

Et malheureusement plus on fait une fixation sur l'autre et moins nous avons tendance à exprimer le meilleur de notre personnalité. Savez-vous pourquoi ? Parce que l'on en vient à s'oublier et à se concentrer exclusivement sur l'autre.

C'est la raison pour laquelle je vous invite à conserver vos passions, du temps avec vos amis et vos proches, des ambitions professionnelles et une forme de liberté ou d'indépendance. Vous allez ainsi pouvoir constituer un gros gâteau qui sera votre équilibre. Et la cerise, qui sera la représentation de votre vie sentimentale, se révélera encore plus délicieuse !

J'aimerais vous faire part du déroulement d'un de mes derniers coachings. Il s'agissait de Marjorie, une Française expatriée à Barcelone et gérante d'une société de marketing sur Internet. Maman d'une petite fille de deux ans, propriétaire avec son compagnon d'une magnifique maison, elle avait tout pour être heureuse.

Pourtant quand elle m'a contacté, rien n'allait plus avec son mari. Ils enchaînaient les disputes, les crises, et les nuits à dormir séparément.

Pourquoi en être à un tel stade alors qu'à côté tout semble aller pour le mieux ? Comment nous en arrivons à fuir le modèle que l'on a toujours recherché ? La réponse se trouve dans tout ce que nous venons d'étudier ensemble.

Courir derrière un rêve qui est matérialisé par la famille ou l'amour

n'est pas une mauvaise chose en soi et il existe très souvent un « effet pervers » qui est la dépendance à l'autre.
Marjorie s'était complètement oubliée. Elle était concentrée sur les besoins de son mari mais elle l'étouffait plus qu'elle ne le rendait heureux.

Une fois que vous êtes dépendant(e) de votre homme ou de votre femme, vous commencez à alimenter la peur de le/la perdre et à partir de cet instant vous rentrez dans une spirale négative. Mais c'est aussi un cercle vicieux car plus vous êtes dépendant(e) et plus vous souffrez. Dans ce genre de situation la paranoïa n'est jamais bien loin...

C'est pourquoi vous devez immédiatement réagir afin d'équilibrer vos vies, de retrouver vos passions, de chercher un bonheur en solo avant de pouvoir espérer sauver votre histoire.

" La nouvelle croyance à intégrer dans votre vie ! "

Et pourtant, tout cela n'est pas de votre faute. Nous avons toujours entendu depuis notre plus tendre enfance qu'il fallait absolument donner toute son attention à son/sa partenaire...
Et pourtant c'est faux.

Vous allez tout de suite mieux comprendre pourquoi et voir qu'il ne s'agit pas toujours de donner pour apporter du plaisir à une personne que l'on aime...

2

IDÉE PRÉCONÇUE

IL FAUT DONNER POUR ÊTRE AIMÉ

Qu'avez-vous entendu au sujet de la relation de couple depuis votre plus jeune âge ? Qu'il fallait absolument donner de l'amour à la personne que vous aimez pour pouvoir la conserver près de vous n'est-ce pas ?

Eh bien c'est faux ! Plus vous allez donner de l'amour et plus vous aurez des difficultés !

Oui, j'ai conscience que ce que vous venez de lire vous surprend et pourtant, tous les hommes et les femmes que je coache rencontrent les mêmes problématiques. Ils donnent énormément d'amour et reçoivent en retour un « Je ne t'aime plus », « Je n'arrive pas à tomber amoureux(se) », « C'est aller trop vite entre nous » ou encore « Tu es trop gentil(le), j'ai besoin de plus de répondant pour m'épanouir ».

Ne me dites pas que cela ne vous est jamais arrivé ou que vous ne connaissez pas autour de vous une personne géniale à qui l'on a déjà dit cela, car elle avait tendance à être trop gentille.

Dans ce type de situation, vous avez toujours l'impression d'en faire plus que l'autre et pourtant vous n'obtenez AUCUN résultat positif.

Pourquoi est-ce que ça ne fonctionne pas comme cela en réalité ?

Je vais vous l'expliquer en détail, mais juste avant, laissez-moi vous parler de Romain.

Très souvent il m'arrive de coacher des femmes ou des hommes et de m'en souvenir bien des années après tant l'histoire ou la personne m'a touché. Romain en fait partie. C'était l'homme le PLUS parfait du monde. Il avait un très bon fond, il travaillait dur mais s'organisait parfaitement pour conserver de l'énergie dans son couple, donner de l'amour à son petit garçon et pouvoir passer du

temps avec sa famille et ses amis.
C'est le genre de coaché que l'on rencontre et avec qui on sait que l'on va pouvoir tout de suite lier un rapport privilégié. Pourtant, quoique Romain fasse ce n'était JAMAIS assez pour sa compagne. Il devait toujours en faire plus, se remettre en question et montrer son amour par différentes actions. Mais là encore elle trouvait le moyen de se plaindre et de le faire paniquer à travers des menaces, des désirs supplémentaires et des caprices.

Un jour il a eu peur de la perdre et il a contacté un super coach en amour, moi :). Je l'ai accompagné et je le sentais fébrile. Je lui ai proposé de travailler sur sa confiance personnelle et de pouvoir mettre en place un programme de coaching en face à face afin de l'accompagner plusieurs journées par mois afin de comprendre parfaitement ma philosophie et ce que je pouvais lui apporter.

Je lui ai donc dit ceci : « Romain, tu ne peux plus continuer comme ça. »
Il a acquiescé.
« Tu dois changer cette situation. »
Il a acquiescé.
« Il est temps que tu penses à TOI avant de penser à ELLE. »
Là il est devenu fou !

Sincèrement, il m'a demandé si j'étais sérieux au moins une bonne dizaine de fois lors de notre conversation. Toute sa vie il avait reçu comme conseil de ses proches de s'oublier pour faire passer les autres avant lui. De mon point de vue, c'était un comportement inadapté et il était temps de modifier cela ensemble.

C'est ainsi que j'en suis arrivé à la conclusion qu'en amour il est nécessaire de ne pas DONNER mais de faire RÊVER la personne avec qui on partage notre vie. Bien évidemment vous comprendrez qu'il y a une forme d'investissement pour que la relation fonctionne et avance mais il s'agit désormais de mettre votre personnalité en avant, de faire ressortir vos envies profondes grâce à l'amour rêve afin de construire une relation qui sera durable.

Je me suis aperçu avec les années que lorsque vous essayez de répondre aux besoins de votre partenaire, vous rentrez dans une relation platonique dans laquelle vous n'essayez plus d'avoir une personnalité unique. C'est la PIRE erreur à commettre en amour surtout si vous voulez conserver une relation forte.

" On vous aime pour ce que vous ÊTES et non pour ce que vous donnez ! "

Si vous souhaitez avoir du bonheur en amour, vous devrez toujours chercher à exprimer votre personnalité et mettre en avant vos envies. Vous verrez que c'est le meilleur moyen de diffuser un maximum de bonheur autour de vous. L'égoïsme n'est pas une mauvaise chose si vous avez un bon fond.

Alors, au risque de continuer à vous surprendre, je vais vous dire ce que j'ai expliqué à Romain et à des centaines de personnes par la suite :

« Il n'y a aucune honte à devoir faire preuve d'égoïsme à partir du moment où vous êtes une bonne personne. C'est le meilleur moyen pour rayonner et pour que votre partenaire se dise que vous êtes essentiel(le) à son bonheur ».

Oui, comme vous venez de le lire, l'égoïsme permet d'avoir un couple à succès car vous allez tout simplement mettre le meilleur de vos qualités en avant et c'est ainsi que vous pourrez être actif ou active et entreprenant(e) dans votre relation.

L'égoïsme permet aussi d'avoir une séduction performante car plutôt que de toujours vous demander « Que dois-je faire pour le ou la séduire ? » vous allez également vous interroger sur « Qu'est-ce que j'ai envie de vivre d'unique à cet instant précis ? ». C'est ainsi que vous allez pouvoir vous concentrer sur le meilleur outil permettant de séduire une personne (que l'on soit célibataire ou en couple) : votre personnalité. Vous avez quelque chose d'extraordinaire en vous et que vous n'exploitez pas encore suffisamment, ou que vous avez cessé d'exploiter.

Encore une fois, ce n'est pas parce que dans notre société nous n'avons jamais appris à faire passer notre bonheur en priorité, que cela ne signifie pas que c'est une bonne action. Vous allez voir grâce à cet ouvrage et à toutes les actions que je vous invite à mettre en place par la suite, que l'égoïsme est un outil puissant vous permettant de rayonner deux fois plus !

Plutôt que de chercher à faire absolument plaisir aux personnes qui vous entourent, nous allons surtout vous aider à vous faire plaisir de sorte à ce que votre partenaire découvre de nouvelles choses à votre contact.

Vous me suivez ?

Vous commencez à être en adéquation avec ma théorie et vous ne vous vous dites plus « Mais il est dingue ce coach, je ne vais jamais pouvoir faire ça ! »

Sachez que cet égoïsme naturel est en réalité un excellent moyen pour renvoyer une bonne image et pour qu'une personne se dise « C'est lui/elle qu'il me faut dans ma vie ! ». Vous allez tout simplement mettre en avant vos différences pour profiter un maximum, du moment présent et ainsi instaurer du bonheur entre vous.

Autre exemple. Je me suis surpris dernièrement en coaching avec Anne, à lui demander « d'élever ses standards ». Sur le moment elle n'a pas vraiment compris et j'ai dû lui exprimer à plusieurs reprises ce que j'entends par cette expression.

Anne était en relation avec un homme (enfin, si on peut appeler cela une relation...) depuis plusieurs mois. Chaque semaine, elle avait droit à une crise de sa part et à une phrase choc comme « Je ne sais pas si je t'aime vraiment » ou dernièrement « Tu ne corresponds pas à la perfection que je recherche ». Pour autant, elle continuait de se battre afin de lui prouver qu'elle pouvait changer et le rendre heureux.

Elle m'a contacté avec un ton de voix désespéré, et une fatigue que je pouvais totalement ressentir même à l'autre bout du monde.

Beaucoup auraient pensé qu'il s'agit d'un pervers narcissique et qu'il n'y avait rien à faire si ce n'est fuir à toutes jambes. Mais en réalité bien que ce terme soit très à la mode, il faut creuser beaucoup plus pour savoir si l'on est face à un manipulateur ou pas... À mes yeux c'était plutôt un homme qui avait le contrôle total de la situation et qui pouvait faire ce qu'il voulait... Alors pourquoi s'engager ?

Je lui ai dit : « Anne, tu ne peux pas continuer à donner et t'épuiser alors qu'il y a une voie qui aura une bien meilleure incidence... C'est très simple, tu dois intégrer la notion de réciprocité en augmentant tes standards ».

Si la simple présence d'un homme ou d'une femme vous satisfait et vous procure du bonheur MAIS que la relation ne décolle pas et devient même chaotique, alors votre rôle est d'exiger plus, de la part de la personne qui est en face de vous.

Pour Anne, je lui ai dit qu'elle devait attendre qu'il écrive, qu'il propose des rendez-vous ou des moments ensemble, qu'il s'intéresse à sa vie avant de pouvoir mettre en place la moindre action de son côté. Je reviendrai plus loin sur le concept que je développe autour de la célèbre citation « fuis moi, je te suis », que j'ai améliorée, mais dès à présent je veux que vous sachiez que plus vous donnerez et moins vous recevrez !

En revanche, plus vous cherchez à être vous-même, à renvoyer une belle image et même à faire preuve d'égoïsme, et plus vous allez avoir une vie sentimentale qui sera placée sous le signe de l'épanouissement.

Pour aller plus loin, car je sentais qu'Anne avait besoin de retrouver confiance, je lui ai posé une question avec un ton plus direct « Es-tu une bonne personne ? ».

Elle m'a répondu d'un ton timide « Oui, je pense ! ».

Je lui ai dit avec une voix plus énergique « Non, je répète, es-tu une bonne personne ? ».

Elle a acquiescé avec un peu plus de force dans la voix mais j'ai décidé de reposer la même question encore trois fois. Je voulais qu'elle sente au plus profond d'elle à quel point elle donnait énormément de choses, mais que cela ne la mettait pas pour autant en valeur. Au contraire, cet aspect la rendait malheureuse car elle avait le sentiment de ne pas être appréciée à sa juste valeur.

“ Pensez-vous être une bonne personne ? ”

Cette question doit désormais être le socle de votre vie amoureuse. Si vous répondez oui, alors vous comprendrez que l'égoïsme vous permettra de suivre vos rêves et d'apporter du bonheur comme jamais aux autres !

Si vous ne savez pas répondre à cette question c'est tout simplement parce que vous êtes génial mais que vous n'en avez pas encore pris conscience.

Vous savez, comme tout le monde, j'ai réalisé des erreurs dans ma vie qui m'ont fait douter de moi et de ma valeur sociale. Cela dès le plus jeune âge car il m'est arrivé de me sentir isolé ou incompris, d'avoir des très mauvaises notes ou tout simplement de ne pas faire les efforts pour réussir mais cela ne m'a jamais empêché de savoir au fond que j'étais une belle personne et donc de rebondir.

Alors quoi que vous ayez pu commettre comme erreurs, quels que soient les messages négatifs que vous avez reçus ou entendus de vos proches, ou l'amour que vous n'avez pas obtenu de la part de vos parents et qui vous amène à douter de vos valeurs, toutes ces choses sont à mettre de côté car aujourd'hui est le premier jour du reste de votre vie...

Concentrez-vous sur ce que vous êtes aujourd'hui et ce que vous pouvez apporter à une personne grâce à l'égoïsme !

3

IDÉE PRÉCONÇUE

L'AMOUR EST INNÉ

Comme expliqué en introduction, le décès de mon père a changé énormément de choses sur ma personne et sur ma conception de la vie. Jusqu'à cet événement, je pensais que l'amour était beau, naturel et instinctif.

Je ne me posais pas particulièrement de questions pour essayer de m'améliorer, je prenais les événements et les rencontres au fur et à mesure.

Du coup, je me retrouvais très souvent avec des désillusions au final, que ce soit dans ma vie sentimentale ou dans les relations humaines que j'entretenais. Je ne comprenais pas pourquoi j'avais du mal à m'épanouir, alors que j'étais un homme plutôt bien et surtout je m'investissais beaucoup et donnais de ma personne pour les gens que j'aimais.

Au travers de mon métier, mes réflexions, mes lectures, j'ai compris que je n'étais pas le seul à me poser des questions sur mon passé et sur cet aspect. En réalité vous êtes nombreuses et nombreux à vous demander « Pourquoi je n'ai pas une vie sentimentale à la hauteur de mes envies ? ».

La réponse est évidente : « Parce que nous n'avons pas appris à aimer ».

L'amour ne peut plus et ne doit plus être considéré comme simple et instinctif. C'est une fausse croyance qui vous amène à minimiser l'un des apprentissages les plus importants de notre société, mais rassurez-vous, rien n'est de votre faute !

" Quelle éducation amoureuse avons-nous tous reçue ? "

Cette question peut sembler anodine mais vous allez très vite comprendre où je veux en venir. Quand je regarde notre éducation amoureuse, elle passe principalement par deux éléments : les livres et les films.

Depuis notre plus jeune âge, nous sommes confrontés à « Il était une fois » et « ils vécurent heureux ». Comme si l'amour était élémentaire, qu'un coup de foudre allait se créer en un simple regard et que vous finirez votre vie sans routine, sans disputes, sans conflits, sans aucune séparation, et que tout sera absolument fan-tas-tique !

Que ce soit dans les lectures ou dans les films de Hollywood, l'amour est décrit comme un sentiment extrêmement fort mais surtout presque naturel, comme si ça coulait de source ! Vous vous doutez bien qu'il n'en est rien...

Je vous ai déjà parlé plusieurs fois de la notion « d'amour rêve ». Il ne faut pas confondre avec l'idéalisation que les livres ou les films vous proposent. De mon côté, je parle d'amour rêve car je veux que vous arriviez à prendre en main votre vie sentimentale, que vous puissiez définir vos réelles envies et non simplement que vous agissiez comme tout le monde en pensant que l'amour est simple, comme à Hollywood.

Ce matin, comme régulièrement d'ailleurs, j'ai reçu un email de Valérie qui me disait ceci « Je ne comprends pas, je souffre tellement alors que l'amour entre Paul et moi devrait être simple et spontané non ? ».

Le constat est limpide, on nous a mis en tête une fausse croyance et il vous faudra la déconstruire pour prendre la pleine mesure de l'amour et de son impact sur votre vie.

Il est normal d'avoir peur de souffrir, peur de revivre des

désillusions ou tout simplement peur de se planter. Parce que personne jusqu'à présent ne vous avait aidé à vous faire confiance et à accepter que l'amour soit un extraordinaire apprentissage.

Et quand j'emploie ces mots, je pense principalement à toutes les composantes de l'amour qu'il faut absolument accepter, comme l'écoute, la communication, le partage, la bienveillance, l'empathie, l'échange... Que de notions il faut réellement apprendre et disséquer si on veut comprendre les tenants et les aboutissants de l'amour.

" Très bien Alex, mais quelles sont les solutions ? "

Il est toujours plus simple de pouvoir relever les problèmes que de les résoudre. Pour autant, j'ai compris avec le temps qu'il était très important de continuer à apprendre, à se former, à ne jamais rester sur des acquis qui vous empêchent d'évoluer.

La solution pour mieux étudier l'amour est d'accepter de s'y former, de bien analyser les différences qui existent entre deux personnes, les actions qui peuvent vous aider à donner plus de « positif » à votre histoire et donc à être encore plus acteur ou actrice de votre vie.

La plus grande confidence que je peux vous faire aujourd'hui est que si vous avez des problèmes en amour c'est parce que vous avez été trop laxiste dans sa conception.

J'en suis arrivé à cette conclusion après m'être demandé « Mais comment deux personnes qui se sont aimées peuvent se quitter et surtout se déchirer ? ».

J'ai cherché pendant des semaines la bonne réponse et finalement je l'ai trouvé dans mes expériences personnelles. Lors de mon premier amour, j'avais rencontré une fille formidable, très belle et surtout très attentionnée.

Malheureusement au fil des mois et des années notre amour était devenu toxique avec chacun de notre côté une forme de dépendance à l'autre. Quand on a pour la première fois des papillons dans le ventre, on se transforme souvent en gardien de prison à fliquer les moindres faits et gestes de la personne que l'on aime. Puis par la suite, on se met à imaginer de fausses interprétations, à créer des conflits et à développer une véritable psychose jusqu'à en arriver à la rupture amoureuse.

Cette rupture intervient parce qu'entre deux personnes il n'y a plus assez de bonheur. Voici la raison qui explique pourquoi deux personnes se quittent. Et pourtant, alimenter le bonheur dans le couple n'est pas complexe, simplement cela demande des efforts, des exercices et d'apprendre des leçons du passé.

Tout cela, et surtout dit ainsi, n'est-ce pas synonyme d'apprentissage ?

“ Alex, tu as complètement tort, l'amour c'est inné et rien ne s'apprend ”

Je me suis souvent heurté à des commentaires de personnes qui me disaient « Mais ton métier ne sert à rien parce que l'amour c'est naturel, ça vient tout seul ! ». Peut-être est-ce votre cas ?

Je me souviens un jour m'être connecté à ma chaîne YouTube et avoir reçu pas moins de 150 commentaires négatifs, d'insultes vis-à-vis de ma personne et bien évidemment ces messages contredisaient ma conception. Je suis quelqu'un d'ouvert au dialogue mais là, on parlait vraiment de négativité gratuite.

Je me suis demandé s'il fallait que je réponde et j'ai décidé de supprimer la majeure partie des interventions qui n'apportaient aucun plus au débat, et j'ai en revanche répondu à quelques parties plus respectueuses autour d'une question très simple : « Qu'est-ce qui vient tout seul dans la vie ? ».

La réponse est : rien. Nous l'oublions souvent, mais même marcher a été un apprentissage difficile. Je conçois parfaitement qu'il soit important d'être naturel en amour et de ne pas tout calculer pour laisser parler librement sa personnalité si on veut pouvoir être réellement épanoui. Pour autant, cela ne veut pas dire que cette discipline ne s'apprend pas et que vous devrez toujours faire confiance au « feeling ».

Retenez bien dès à présent que l'amour s'apprend, et surtout que vous allez devoir construire votre propre définition. Je ne vais pas vous dire exactement comment agir, là ce serait complètement absurde car cela dépend de chacun, puisque vous avez votre propre personnalité, mais en revanche, je vous transmets à travers ce livre toutes les règles à respecter et les fausses croyances à déconstruire afin d'avoir toutes les cartes en main pour bien faire.

Le plus important n'est pas la conception que j'ai de l'amour, ce n'est pas non plus celle que vos parents ont de l'amour, c'est celle que vous, vous avez ! Je pense que vous devez dès aujourd'hui créer votre propre définition.

4

IDÉE PRÉCONÇUE

L'AMOUR ÉTAIT PLUS SIMPLE AVANT

Il y a peu, je discutais avec ma compagne, qui est d'origine Américaine, sur les différences culturelles qui existent entre la France et les USA. Puis nous avons basculé sur les relations amoureuses et elle m'a dit une phrase avec laquelle je n'étais pas vraiment d'accord : « Avant, les personnes restaient en couple et se battaient l'une pour l'autre, elles accordaient plus d'importance aux valeurs. »

Nous avons très souvent tendance à idéaliser la relation de nos parents et de nos grands-parents parce qu'ils représentent à nos yeux un modèle de bonheur, de fidélité, de passion et de respect.

Et pourtant, tout n'a pas toujours été si simple pour eux non plus.

J'ai donc répondu à ma compagne « Tu sais, je crois qu'avant, les personnes étaient peut-être plus malheureuses que nous mais qu'on ne pouvait pas parler librement de thérapie, de divorce ou d'infidélité. Tout était plus tabou, mais ces problèmes existaient et étaient probablement même plus profonds ».

A mes yeux, nous sommes simplement dans une société plus ouverte, où il est presque normal de dire « Mon homme m'a quitté pour une autre femme ». Mais cela ne signifie pas que nous avons moins de valeurs ni surtout que nous sommes moins heureux que les anciennes générations.

" Comment en suis-je arrivé à cette conclusion ? "

Au cours des dernières vacances estivales, j'ai participé à une réunion de famille. Tous les deux à trois ans nous nous retrouvons dans la Drôme, qui est une magnifique région au passage, afin de partager des vacances tous ensemble. J'ai beaucoup de chance d'avoir grandi dans une famille soudée et très hétéroclite. Certains vivent aux quatre coins du monde même si la majorité de ma famille se trouve en Europe.

Au cours d'une soirée ma grand-mère vient me prendre à part et elle me demande « Alex, comment ça va le travail ? Tu arrives à t'en sortir ? ». Ma grand-mère se demande toujours ce que je fais exactement, je crois que mon métier restera un véritable mystère pour elle !

Je revois encore son visage ébahi quand je lui ai répondu : « Tout va bien mamie, je suis super content parce que je viens de dépasser les 13 millions de visiteurs cette année. »

Vous auriez vu son petit visage devenir tout blanc, vous auriez compris comme moi qu'être love coach est encore étrange pour de nombreuses personnes. Si ma propre grand-mère reste toujours ébahie alors que dire de vous qui lisez cet ouvrage ?

Pour autant, après une petite pause de quelques secondes elle m'a répondu : « Quoique... Tu sais, avec ton grand-père ça n'a pas toujours été facile entre nous. »
Nous en avons parlé pendant plus de deux heures et elle a confirmé mes pensées. La relation de couple a toujours été difficile y compris pour les personnes que l'on a idéalisées.

Bien évidemment certains codes ont changé, et l'évolution de la société modifie également les rapports humains, mais je peux vous garantir que les anciennes générations avaient des problèmes également, certes parfois différents des nôtres, mais des problèmes quand même !

J'aimerais pour cela prendre un exemple qui m'a marqué et qui illustre bien mes propos, ma grand-mère m'a fait une révélation que j'entends pratiquement tous les jours en coaching de la part

des femmes que j'accompagne « Tu sais, ton grand-père il ne parlait pas beaucoup... ».
Eh oui, les hommes ont toujours eu du mal à évoquer leurs sentiments...

" Quelle est la leçon principale à tirer de cette partie ? "

Pour aller plus loin, je souhaitais absolument vous parler de cette fausse croyance, afin de vous aider à prendre conscience d'un élément fondamental.

Les problèmes amoureux peuvent arriver à tout le monde et à tout instant ! Parfois vous pensez que tout va bien dans le couple de votre meilleure amie et le lendemain elle vous appelle en pleurs, vous disant que son mari veut divorcer.

Ne négligez aucune des règles ou leçons de cet ouvrage, ne vous dites pas « oui je sais » sans les mettre en application au quotidien. C'est primordial, au risque de vous retrouver comme Alain, un coaché de 66 ans qui m'a dit « Je suis resté marié et malheureux pendant 40 ans. Depuis mon divorce je revis et j'ai l'impression d'exister par moi-même ». J'étais triste de l'entendre me dire ces mots, parce qu'après tout l'amour est là pour nous apporter du bonheur. Mais très souvent ce n'est pas d'être en couple qui vous rend heureux, c'est la manière dont vous allez vivre votre histoire et vous impliquer.

5

IDÉE PRÉCONÇUE

DONNER DE L'AMOUR ? C'EST TROP FACILE !

Au fil de mes coachings et de mes expériences, j'ai pu me rendre compte d'un aspect très important. Quand nous agissons en amour, c'est très souvent en fonction de nos propres envies, de nos pensées ou encore de nos volontés. Nous avons du mal à accepter l'idée que la personne qui est en face de nous ne désire pas forcément les mêmes choses.

Oui, nous sommes tous différents à plusieurs niveaux. Personne ne possède les mêmes valeurs, la même attention pour les détails, le même passé personnel, les mêmes rêves... Vous n'êtes pas en relation avec votre clone !

Si je vous dis cela, c'est tout simplement parce que nos différences expliquent de nombreux problèmes de relations et gâchent souvent vos histoires. Il est important de faire preuve d'empathie pour comprendre entièrement « Qui est en face de vous ? ».

Retenez bien une phrase que j'utilise en coaching « Vous faites de vos envies une généralité mais le principal souci est que votre partenaire n'a sûrement pas les mêmes envies ou mêmes attentes que vous ».

Quand je démarrais des séances de « coaching conjugal », j'ai eu plusieurs fois l'occasion de dialoguer avec Patrick. Son couple était au bord du gouffre et il m'a appelé un soir pour se plaindre : « Alex, j'en peux plus. Ma femme n'arrête pas de me demander de rentrer pour dîner mais j'ai du boulot par-dessus la tête et elle ne le comprend pas. Par contre, elle aime bien aller s'acheter de nouvelles paires de chaussures avec l'argent que je ramène ! ».

Pensez-vous qu'ils soient tous deux sur la même longueur d'onde ? Qu'ils se trouvent dans la compréhension mutuelle ? Pour certains la sécurité financière est très importante, alors que pour d'autres c'est la liberté et les moments de qualité passés à deux.

Si vous arrivez à lire, comprendre et surmonter les différences, alors vous pourrez très facilement avoir une vie sentimentale géniale.

“ Comment les comprendre Alex ? ”

Je vous l’accorde ce n’est pas une mince affaire. Chaque coaching que je réalise se base sur la compréhension de l’autre. Que ce soit pour séduire une personne, sauver son couple ou reconquérir son âme sœur. Et quand on y réfléchit bien, même le fait d’attirer l’attention de son patron pour obtenir une augmentation de salaire, nous met dans ce cadre. La compréhension de l’autre vous permettra forcément d’obtenir une vie plus harmonieuse.

En général, notre comportement et nos actes s’expliquent de plusieurs manières. La première est liée à notre passé et notre enfance. Quelles sont les valeurs que nous avons reçues ? Quel est le modèle que l’on a connu ? Comment avons-nous été éduqués ?

Si je reprends l’exemple de Patrick, il a vécu dans une famille très modeste et la stabilité financière était donc la chose la plus importante à ses yeux. Sur une heure de coaching, il pouvait passer la moitié de son temps à l’évoquer. Il ne se comportait pas ainsi pour se vanter d’avoir un bon salaire et des responsabilités, ou bien pour mettre en avant sa réussite. Ça n’avait rien à voir avec cela, pour lui il s’agissait vraiment d’une question de confort et de sécurité financière.

En revanche sa femme n’a pas vécu dans un milieu modeste et pour elle l’argent était un moyen d’accéder au bonheur. Donc si elle en avait, elle le dépensait pour se faire plaisir mais elle savait aussi profiter des petites choses du quotidien.
Vous voyez comme la frontière est mince au final car chacun

cherche à être heureux ? Je les ai réunis tous les deux pour parler pendant deux heures de leur enfance, de leur modèle parental, de leurs plus grandes peurs et comme par hasard ils ont réussi à se comprendre et à mieux communiquer.

Mon exercice était centré exclusivement sur le besoin de mettre leurs mots en images. Comme nous sommes tous différents, nous n'aurons pas la même définition du « bonheur » ou du « partage », et il faut donc continuellement creuser pour bien comprendre ce que l'autre veut dire dans son langage, qui lui est donc particulier.

Le deuxième facteur qui explique le comportement d'une personne est très souvent son idéalisation du futur. « Où veut-elle aller et comment va-t-elle y parvenir ? ».

Pour en revenir à mon exemple, Patrick aurait aimé que sa femme s'intéresse davantage à sa réussite, lui pose des questions sur ses projets, qu'elle prenne part à son développement.

Sa femme, elle, aurait aimé qu'il planifie les projets de la famille, le prochain voyage, qu'il donne son avis sur la décoration de la maison et qu'il s'investisse plus dans le quotidien du ménage.

Lors de la deuxième partie de la séance, je leur ai demandé s'ils se comprenaient au niveau de leurs futures envies ? Les deux m'ont répondu en chœur « Non, plus du tout. »

J'ai répondu : « Très bien, alors nous allons faire un exercice. Je vais vous demander de dessiner votre vie dans 10 ou 15 ans et de me dire ce que vous voyez, ce que vous incorporez à l'intérieur et comment vous prévoyez votre bonheur. »

Heureusement pour la thérapie sur les deux dessins, ils voyaient chacun leur bonheur en couple. Cela a permis de réaffirmer leur envie de sauver leur histoire.

Puis j'ai réussi à les faire parler de la composante de leur vie commune et de leur futur bonheur. C'était le seul moyen pour que chacun puisse utiliser ses sens, notamment la vue et l'ouïe afin de comprendre l'autre. Ce détail peut paraître abstrait et pourtant, plus vous mobilisez vos sens et plus votre discours est impactant.

Je leur ai donc demandé de décrire leurs dessins et d'aller en profondeur sur le « pourquoi tel élément était important à leurs yeux ? ».

Sincèrement je suis très fier de pouvoir vous dire qu'avec une séance de deux heures, certes poussée car avec des exercices ciblés, nous avons été en mesure de développer une nouvelle compréhension dans un couple qui était au bord du gouffre.

À mes yeux, il n'y a rien de plus beau que de voir deux individus qui se sont perdus, se retrouver et se comprendre à nouveau. C'est selon moi la base pour se donner de l'amour mutuellement.

" Conseil bonus : un livre que je vous recommande absolument ! "

Mes recherches m'ont conduit à lire de nombreuses études ainsi que des ouvrages qui retraçaient un trait de caractère que nous avons tous : le manque d'empathie.

Cette phrase vient sûrement de vous surprendre mais j'ai expérimenté ce trait de caractère pas plus tard que ce matin. Si vous avez lu l'introduction, vous savez que je me trouve actuellement à Miami et l'ouragan Matthews est en train d'arriver sur la ville. Je me suis donc rendu au supermarché du coin pour faire des provisions au cas où, et je me suis heurté à plus d'une dizaine de scènes d'engueulades et de bagarres. Je peux vous dire qu'à cet instant précis la fraternité humaine n'existe plus du tout. En face d'un problème, l'être humain a tendance à oublier son prochain pour se concentrer sur lui-même.

Mais revenons-en à la vie sentimentale. Je vous ai expliqué dans cette confidence, que le problème majeur en Amour est notre incompréhension de l'autre. Cela s'explique parfaitement par notre « manque d'empathie ».

J'ai compris cette notion et je l'ai énormément fait évoluer en lisant un ouvrage, l'un des rares sur la vie sentimentale qui ne soit pas basé sur des clichés et dont tout le monde peut tirer quelque chose.

Avez-vous déjà lu « Les 5 langages de l'Amour » de Gary Chapman ? Je vous recommande vraiment la version longue car les différentes propositions de poche ne sont pas assez développées pour exprimer ce que l'auteur nous apprend, et toute l'étendue de sa réflexion.

Ce livre est tout simplement l'un des plus vendus en matière de vie amoureuse, devant même « Mars et Vénus » de John Gray.

Juste pour vous en dire quelques mots. Gary Chapman est conseiller conjugal depuis des dizaines d'années et il livre un enseignement très intéressant, en nous expliquant que nous avons plusieurs moyens de donner et de recevoir de l'amour. Si vous donnez de l'amour selon votre propre perception, il est possible que cela ne satisfasse pas votre partenaire. C'est pourquoi il est très important de tout faire pour lire en lui ou en elle ses différents besoins, afin d'y répondre précisément.

N'hésitez pas à vous procurer la version longue de cet ouvrage et à venir me dire ce que vous en pensez sur ma page Facebook « Alexandre CORMONT coach et auteur ». Nous discutons tous ensemble des livres et ressources, autour du thème de l'amour.

https://www.facebook.com/Alexandre.Cormont.Love Coach/?fref=ts

" Dernier petit conseil pour la route... "

Ne faites surtout pas l'erreur de dire « Je sais tout de mon ou de ma partenaire » car en réalité vous connaissez très bien... la partie émergée de l'iceberg. Et ce n'est JAMAIS suffisant.

La raison pour laquelle je tenais absolument à commencer cet ouvrage avec ces expériences, c'est parce que la compréhension de l'autre vous permettra très souvent de régler l'ensemble des petits problèmes du quotidien et donc de profiter d'une relation qui soit équilibrée et heureuse.

Essayez de répondre à ces questions pour mieux comprendre les gens, qu'il s'agisse de votre partenaire bien entendu, mais également de vos enfants, des membres de votre famille, de vos amis proches et de tous ceux que vous aimez :

- Qu'est-ce qui est important pour lui/elle ?
- Quelles sont les valeurs qu'il/elle a reçues ?
- Quel est son plus grand trait de caractère ?

- Quel est son plus grand rêve ?
- Comment se matérialise le bonheur pour lui/elle ?
- Comment savoir si ce que je fais est bien pour lui/elle ?
- Comment être plus à l'écoute de ses besoins ?
- Comment il/elle exprime ses sentiments et ses intentions ?
- Quelles sont les différences entre lui/elle et moi ?
- Pourquoi mes perceptions ne sont pas forcément les mêmes que les siennes ?

6

IDÉE PRÉCONÇUE

NOUS AVONS TOUS LES MÊMES ATTENTES DE L'AMOUR

J'échangeais dernièrement sur Skype avec une amie très proche, qui vit à Paris, et elle me racontait ses dernières expériences amoureuses. Elle m'a dit une phrase qui m'a vraiment fait rire « J'aime bien cet homme parce qu'il a du caractère. Il m'a engueulé parce que je n'avais pas envoyé de message de bonne nuit et que j'étais sortie en soirée ».

Elle a prononcé cette phrase avec un ton vraiment enjoué, comme si elle avait enfin trouvé la perle rare : un mec qui l'engueule quand ça ne va pas.

Je me suis demandé quel était l'intérêt d'être en couple, si c'était pour se prendre la tête ? Mais elle a fini par me répondre avant que je ne le lui demande.

Elle avait simplement besoin d'un homme qui soit capable de lui tenir tête, qui se montre investi et parfois même qui saura s'imposer dans la relation.

D'autres femmes que j'accompagne en coaching sont à l'inverse très effacées et recherchent un amoureux tendre qui saura leur donner confiance en elle, qui ne s'affirmera pas sans raison et qui leur apportera du réconfort.

J'ai compris qu'Inès, mon amie, comme d'autres personnes, avait besoin d'un couple « explosif » où l'amour et les frictions sont tous deux nécessaires au sein de la relation. Tout le monde n'attend pas un amour simple et parfois routinier au sens positif du terme, ce qui est plutôt mon cas, c'est donc pour cela qu'il existe une perle rare pour chaque personne.

“ Pourquoi cette croyance est plus importante que vous ne le pensez ? ”

La majorité des personnes que je coache cherchent à trouver l’amour ou se retrouvent dans des débuts de relations complexes. Il n’est pas toujours facile d’accepter l’idée que l’homme ou la femme que l’on vient de rencontrer souhaite une relation différente de ce que l’on peut attendre. Pas toujours facile d’accepter nos disparités, nos envies contradictoires et donc de s’adapter l’un à l’autre. C’est même l’un des exercices les plus délicats car il faut faire preuve de compréhension, sans pour autant oublier ses valeurs et ses besoins. N’oubliez pas d’être égoïste !

Très souvent vous allez soit fuir trop rapidement, sans avoir pris le temps de réellement apprendre à connaître l’autre, soit, le cas le plus fréquent, vous allez vous accrocher désespérément, en exprimant largement vos idées sans forcément que ce soit ce que l’autre souhaite. Vous allez essayer de lui montrer que vous avez raison et que lui/elle est dans le faux.

Il y a peu, j’ai reçu un commentaire d’une jeune femme qui disait fréquenter un homme depuis de nombreuses années et que ce dernier prenait des substances illicites. Elle a fini par sortir avec lui, en espérant le faire changer, et cela fait trois ans qu’ils sont ensemble. Mais n’y parvenant pas elle souffre et tout est remis en question dans sa vie, car elle souhaite désormais une relation plus stable.

Voici le commentaire ci-dessous.

Bonjour,
J'ai vécu 3 ans avec quelqu'un récemment (20 ans que nous nous plaisions, nous étions des connaissances amicales par des amis communs à la base, puis à se voir quelques fois de temps sur ses 20 ans, avec des hasards de soirées, ou lui qui est venu me voir chez mes parents parfois, quand j'étais plus jeune, il y a 20 ans), quelques flirts échangés en douce sur ses 20 ans, (de simples bisous charnels simplement par respect pour nos relations à chacun, petites dérives de soirées car l'attirance était très forte depuis tout ce temps, il me plaisait, je lui plaisait, c'était une évidence), et le destin a fait, qu'un jour, qu'il était enfin célibataire et moi aussi, la belle histoire pouvait enfin bien débuter 20 ans après...
Sauf que cet homme a des addictions (dépendances à des drogues dures), je le savais puisque nous nous connaissons depuis longtemps... Je me suis engagée par amour et par envie de l'aider pour écrire une vraie belle histoire (depuis le temps)... sauf qu'il n'a pas su décrocher, malgré mon aide et j'ai réalisé que ce genre d'individu peut s'en sortir s'il le veut vraiment, lui seul !
Un jour, j'en ai eu tellement mare que notre couple passe après ses addictions, c'était sa priorité !!!
Que je lui ai dit de choisir entre moi ou son addiction.
Il a pris ses valises... (quelques mois que j'encaisse, ça fait mal... mais après 3 mois de rupture, je remonte enfin un peu seule)
On est toujours en contact, il me tel, je lui tel... je sens quelque chose d'inachevé, sauf que nous arrivons plus à communiquer, il part dans des reproches, je lui fait comprendre que c'est l'avenir qui m'importe, que l'on soit en « break », mais qu'il avance pour lui (et nous), oublions le passé, continuions le break s'il faut encore, mais qu'il se soigne...
Sauf que je le sens incapable de s'en sortir, il a perdu confiance en moi, car moi j'ai perdu patience sur la fin et j'ai dépassée des bornes par désespoir.
Je ne sais plus quoi faire ? le laisser dériver seul et penser à moi ? ou essayer encore et encore de trouver une entente ?... il a quand même choisis de me quitter pour sa défonce, mais je l'aime, et je me raccroche peut être bêtement à croire qu'il peut y arriver.
Dois je le laisser ? faire ma vie ailleurs ?
Je suis totalement perdue entre les deux choses, j'ai beau lui expliquer calmement, il me parle avec mépris, rancune... rancune d'avoir été excessive pour l'aider (et nous aider)... ça lui passera ? et quand ? je perds mon temps ?
Ce soir au tel, je lui ai dit « tu penses revenir avec moi un jour ? il m'a dit « non pas dans l'instant »
Je ne peux pas attendre des années comme ça, je suis jolie, ambitieuses, envie de fonder une famille à 36 ans (je n'ai pas encore d'enfants)
Que faire ?
Parfois j'ai envie de lâcher, passer à autre chose... mais les sentiments sont là, et je suis triste qu'il me traite mal, qu'il me voit pas comme la personne sensible, aimante, ambitieuse que je suis.

Je pense que vous comprenez qu'aujourd'hui on ne peut plus se dire : « Mais je ne comprends pas, l'amour c'est pourtant beau et naturel normalement ! ».

“ Il existe en général deux types de personnes... ”

Je n’en avais encore jamais parlé, que ce soit dans mes articles ou dans mes vidéos, car je tenais à garder cette révélation pour cet ouvrage. Au fil de mes coachings, je me suis aperçu qu’il existe en général deux types de personnes.

Autosuffisance ou besoin d’exceptionnel ?

Des hommes et des femmes attendent de l’amour que ce soit un sentiment simple, de partage et surtout sans aucune prise de tête. Ces personnes arrivent à apprécier tous les instants du quotidien et ne cherchent pas forcément à obtenir plus.

À l’inverse, je coache également d’autres personnes qui ont besoin de sensationnel, qui cherchent constamment à mettre du piment et de la nouveauté dans leur vie, qui ne peuvent pas refaire deux fois la même chose, sous peine de ne pas se sentir vivant et de tomber dans un quotidien trop routinier.

Très souvent dans le cas du sensationnel, on trouve également des hommes et parfois des femmes qui sont attirés par le défi. C’est-à-dire que si vous leur donnez de l’attention et de l’amour, ils peuvent fuir en vous considérant comme trop facilement acquis(e).

Je vous encourage dès à présent à vous demander comment analyser les individus qui vous attirent ou quelle est l’attitude de votre partenaire ? Dans quelle catégorie vous retrouvez-vous le plus ? Et est-ce qu’il y a eu des changements dernièrement ?

Il est bien entendu possible de faire partie des deux catégories mais vous aurez en général toujours une dominante plus importante que l'autre.

" Dernier point à retenir sur l'amour au sens général... "

J'ai rencontré Martine, une femme qui m'a beaucoup touché et cela pour plusieurs raisons. Elle est venue me consulter pour comprendre pourquoi toutes ses relations échouaient plus ou moins de la même manière. Elle se demandait d'où venait le problème ?

La première question que je lui ai posée était la suivante : « Est-ce que tu as tendance à toujours agir de la même manière avec les hommes ? ».

Elle m'a répondu positivement, et j'ai tout de suite compris que la problématique de Martine était qu'elle avait créé des schémas en se disant « J'adopte le bon comportement », alors qu'en réalité elle commettait des erreurs en permanence dans sa manière de concevoir la rencontre amoureuse.

Comment m'en suis-je aperçu ?

Tout simplement parce que l'histoire se répétait encore et encore, et que c'est le signe d'une problématique de fond. Quand elle m'a contacté, elle avait fait la rencontre d'un homme qui venait de lui dire qu'il ne souhaitait pas pousser leur relation plus loin.

Elle avait pourtant agi avec beaucoup de gentillesse et d'investissement personnel. Elle était adepte de mes articles et cherchait absolument à bien faire les choses. Le seul problème, c'est qu'elle avait du mal à cerner le profil de l'homme qu'elle rencontrait. Quel que soit l'interlocuteur qu'elle avait en face d'elle,

elle ne parvenait pas à s'adapter à sa personnalité.

Étant une femme recherchant absolument une vie de couple stable, elle se comportait comme si l'homme qu'elle venait de rencontrer était son premier mari, de qui elle était divorcée depuis un moment.

C'est une forme de transfert de relation qu'elle avait tendance à pratiquer. Je lui ai donc dit « Martine, si tu veux qu'un homme s'engage, ne te comporte plus jamais comme si tu étais en couple avec lui, alors que vous en êtes à vos premiers rendez-vous ! ».

J'ai vu sa voix se transformer. Elle venait de réserver une formule de coaching pour conquérir le cœur d'un homme, et je venais de briser son rêve... Enfin pas totalement !

" Qui aujourd'hui à envie d'être en couple ? "

PERSONNE !

Je dis bien PERSONNE ne veut être en couple aujourd'hui... Si vous creusez un petit peu, vous verrez que ce que nous voulons par-dessus tout ce sont les composantes d'une belle histoire, à savoir l'excitation au quotidien, la nouveauté, le piment, la complicité, le partage... Tout ce qui caractérise une relation mais qui n'est pas lié aux effets négatifs du couple, comme la routine, les ruptures ou encore les incompréhensions.

En effet, quand on regarde notre passé, on y trouve forcément des désillusions et des expériences qui nous ont fait du mal. Alors, quand Martine proposait des sorties qui ressemblaient à celles que cet homme avait déjà vécues auparavant, dans ses débuts de rencontres, il était certain qu'il allait fuir !

Si vous faites la rencontre d'une personne (homme ou femme) qui montre peu d'intérêt à vos sorties ou propositions de rendez-vous, c'est aussi parce que vous êtes dans la banalité. Martine m'expliquait pourtant « Oui, mais moi j'ai passé un moment formidable, même si ça ne s'est pas concrétisé », parce que la simple présence de cet homme la rendait heureuse, mais malheureusement ce n'était pas réciproque, et comme je vous l'ai répété précédemment nous sommes tous différents.

Dans la prochaine partie nous parlerons de séduction en profondeur mais retenez bien que personne ne veut être en couple, nous voulons plutôt le rêve, le partage, le bien-être auquel on l'associe mais sans les contraintes !

Tout le monde n'a pas la même personnalité non plus, mais je peux vous garantir que lorsque vous vivez plusieurs rencontres manquées, c'est que vous devez absolument revoir vos envies d'être en couple.

Alors j'ai demandé à Martine de se surpasser pour surprendre cet homme, pour prendre du plaisir à innover, et surtout pour ne plus se demander « Sommes-nous en relation officielle ? » mais plutôt « Avons-nous passé un moment formidable ? », car ce bonheur conduit tout simplement, directement à une relation heureuse et équilibrée.

Ce conseil s'adresse parfaitement aux personnes qui sont en couple ou dans une rupture amoureuse. Vous devez vous demander « Comment sortir de vos problèmes ? », notamment en adoptant un nouveau comportement, et non en vous raccrochant désespérément à votre partenaire.

L'énergie positive est toujours communicative !

CONCLUSION PARTIE 1

Nous avons abordé plusieurs fausses croyances ensemble, afin d'adopter une nouvelle vision de l'amour, notamment en y incorporant les notions de bonheur, de plaisir, de moment présent et de lâcher prise.

Si vous croquez chaque instant en acceptant l'idée d'apprendre de vos expériences passées, alors je peux vous garantir que l'amour vous apportera énormément de bonheur.

Pour cela, il faut apprendre à se faire confiance dès le processus de séduction. Dans la prochaine partie, nous verrons ensemble comment la découverte de l'autre, avec la notion de confiance, peut vous aider à nouer une relation stable et heureuse.

CHAPITRE 1
PARTIE 2

Comprendre la séduction de nos jours…

Qu'est-ce que la séduction ?

Je ne détiens pas toute la vérité, malheureusement ou heureusement, et je crois bien que chacun peut se faire sa propre définition de la séduction. De mon œil de coach, la séduction consiste à savoir se mettre en avant, tout en répondant aux besoins souvent inconscients, de l'autre.

En d'autres termes, la séduction c'est être capable de plaire, d'attirer l'attention, de faire rire, de s'évader du quotidien, de se compléter, ou tout simplement de se sentir vivant.

Plus on séduit et plus on attire le bonheur à soi, que vous soyez célibataire ou dans une relation depuis 50 années, le résultat sera toujours positif.

Vous avez aujourd'hui la capacité d'obtenir une vie sentimentale, et même personnelle très heureuse, en plaçant la séduction au centre de votre quotidien. Attention, cela ne veut pas dire draguer à tout bout de champ, mais plutôt chercher à rendre votre vie séduisante, de sorte à toujours être une personne leader, charismatique, et avec qui on se voit partager son quotidien.

Retenez bien une phrase que je vous ai indiquée dans la première partie : « Si vous êtes capable de séduire votre partenaire, alors vous n'aurez AUCUN problème dans votre relation. »

Je sais que c'est loin d'être simple, mais si j'ai écrit cet ouvrage c'est justement pour vous guider de la meilleure des façons, et je suis convaincu que vous y parviendrez.

Alors, comment fait-on concrètement pour séduire et être séduisant(e) sur la durée ?

7

IDÉE PRÉCONÇUE

IL FAUT RÉPONDRE AUX BESOINS DE L'AUTRE

En matière de rencontre amoureuse, la fausse croyance la plus répandue, est qu'il est très important de chercher à faire plaisir à cet homme, ou à cette femme que l'on veut séduire. Par conséquent de répondre à ses besoins et ses attentes, avant de penser aux vôtres.

Pourtant, nous savons aussi que l'être humain a tendance à porter moins d'attention aux choses qu'il possède qu'à ses envies nouvelles. Combien d'hommes ont rêvé d'avoir une belle voiture mais s'en sont lassés par la suite ? Combien de femmes ont tout fait pour s'acheter un superbe sac à main, tout en le mettant de côté dès qu'une grande marque de luxe en réalisait un nouveau ?

Je caricature un peu les choses, mais force est de constater que c'est ainsi que nous fonctionnons tout simplement, car c'est dans la nature humaine que d'en vouloir toujours plus. L'idée à retenir est donc que nous accordons de l'importance aux choses nous désirons.

" Quel est le meilleur conseil que je puisse vous donner en matière de séduction ? "

Je vous parlerai un peu plus bas, du concept du « fuis moi, je te suis », car je ne veux pas que vous pensiez que je vais vous demander d'adopter un comportement qui ne soit pas naturel.

Simplement, je me suis aperçu que mes coachés qui arrivaient à créer un début de relation stable (notez ici que je n'ai pas dit idyllique !) avaient tous tendance à trouver un bon équilibre entre les besoins de la personne qu'ils ou elles venaient de rencontrer, et les leurs.

En d'autres termes, votre objectif consiste à répondre à une partie des désirs ou des besoins de la femme ou de l'homme que vous convoitez, mais vous devrez en parallèle être capable de montrer que pour obtenir plus, cette personne devra s'employer à vous séduire, vous charmer et donc à s'investir en retour, et en contrepartie à répondre à vos attentes. Il s'agit donc d'une sorte de donnant donnant quasi instinctif.

Si vous vous satisfaites de sa simple présence et que vous ne jurez plus que par lui/elle, vous allez très vite tomber dans une relation à sens unique, et peut-être que vous arriverez à combler toutes ses envies, mais vous finirez par paraître trop acquis(e) et donc à être quitté(e) car il n'y aura plus cette notion ô combien importante entre vous, qui est le challenge !

" Mais tu me demandes de jouer un rôle Alex ? "

Croyez-moi, je n'apprécie pas non plus de donner ce conseil, et je sais que je vous demande de combattre votre nature. Mais pourquoi continuer dans une voie qui ne fonctionne pas et qui, au final, vous empêchera de vous épanouir ?

Pourquoi continuer à se focaliser sur les besoins de l'autre, alors que la réciprocité amène mes coachés à être beaucoup plus heureux ?

Il ne s'agit pas explicitement de jouer un rôle. Je vais vous donner un exemple de coaching que je rencontre fréquemment, pour vous permettre de mieux comprendre mon idée.

Dernièrement, j'ai aidé Valérie qui m'expliquait qu'elle avait rencontré un homme formidable. Pendant des mois il s'était battu pour elle, pour la séduire, pour la charmer, et lui avait demandé à plusieurs reprises, de s'ouvrir et de parler librement de ses sentiments.

Malheureusement, dès qu'elle a commencé à s'exécuter, il a pris de la distance, pour rompre quelques semaines plus tard car finalement il était moins amoureux qu'il ne le pensait, et il avait peur de la faire souffrir dans un futur proche, car il y aurait eu un déséquilibre dans la relation.

Sincèrement, j'ai rencontré cette situation des centaines de fois depuis mes débuts ! C'est ce qui m'a poussé à lui dire comme à d'autres femmes et hommes : « Ne faites jamais ce que l'autre veut complètement, sinon vous finirez par le ou la perdre... »

" Que devez-vous faire MAINTENANT ? "

Je ne veux absolument pas que vous arrêtiez d'être vous-même, mais je vais vous demander de réfléchir à trois choses.

La première, consiste à cibler exactement ce que vous attendez de la séduction et de l'amour, au sens large.

En définitive, comment vous pouvez innover à l'occasion de vos sorties ou de vos rendez-vous, pour obtenir plus de joie de vivre et d'émotions positives ?

La séduction consiste principalement à laisser parler ses envies, et à créer une atmosphère particulière pour que la personne que vous venez de rencontrer se dise que vous êtes quelqu'un de spécial, et que l'on ne rencontre pas ça tous les jours.

La deuxième chose consiste à ne pas oublier d'instaurer une réciprocité. Si vous réfléchissez à un rendez-vous qui est unique, à une dynamique différente et positive, alors il faut que cet homme ou cette femme fasse de même. N'hésitez pas à l'inviter à sortir du cadre de la séduction traditionnelle, et proposer ainsi de nouvelles activités et vous faire réellement entrer dans son monde.

La troisième chose est de ne jamais donner le leadership à l'autre dans votre relation. Nous acceptons la réciprocité mais pas le fait de suivre les mots de cet homme ou de cette femme que vous venez de rencontrer, sous peine de vous retrouver dans une position d'infériorité. Croyez-moi, je n'aime pas non plus cette idée de rapport de force mais elle existe réellement, que ce soit dans la séduction ou dans le couple. Oui la relation idyllique n'existe pas !

Notre objectif, à cet instant précis, est de ne répondre qu'à certains besoins de votre « cible » et de faire en sorte d'avoir un retour de sa part. Cette connexion va créer et entretenir le désir pour éviter de vivre ce que j'appelle « un faux départ », qui consiste à vivre un énorme coup de cœur mais en allant trop vite et en s'emballant, on va se retrouver avec une rupture douloureuse à la clé, quelques jours ou quelques semaines plus tard.

> *" J'ai encore un exemple coaching pour bien illustrer ce point ! "*

En règle générale, c'est un point que j'aborde souvent avec les femmes, mais très peu avec les hommes car c'est le plus souvent eux qui mettent un terme à un faux départ ou à un coup de foudre passionnel (CFP). Il s'agit de relations qui vont durer de quelques jours à deux mois pour le faux départ et de deux mois à moins d'un an pour le CFP.

S'il existe une cassure lors de ces périodes, c'est avant tout une problématique de séduction.

J'ai donc rencontré Sylvie, il y a plusieurs années, en coaching. Maman de deux enfants, elle cherchait à reconstruire sa vie, mais n'arrivait absolument pas à rencontrer un homme prêt à s'investir réellement. Et pour cause, Sylvie jouait le rôle de compagne, d'amante, de maman, et de super-héros dès les premiers jours de la relation.

Je lui ai dit : « Sylvie, tu n'en as pas assez de t'épuiser sans jamais recevoir en retour ? Ton comportement est celui d'une femme qui a tellement peur qu'on l'abandonne, qu'elle se lance trop vite dans la relation. Alors désormais, je vais te demander de ne jamais faire le premier pas. En revanche, tu auras pour mission de trouver de nouveaux outils pour communiquer avec un homme, qu'il se dise que tu es différente ».

Les premières semaines n'ont pas été faciles, car Sylvie était une femme vraiment très entière. Elle ne pouvait s'empêcher d'agir un maximum, dès qu'un homme l'intéressait. Elle avait du mal à suivre mes recommandations.

Résultat, elle s'est de nouveau retrouvée à devoir encaisser une rupture et les désillusions qui vont avec. Si vous n'acceptez pas de briser les fausses croyances que je vous présente, je pense sincèrement que vous aurez du mal à trouver un équilibre amoureux.

J'ai donc demandé à Sylvie de se ressaisir et lui ai donné plusieurs missions dont celle de se mette en position de « prix », c'est-à-dire qu'elle est la personne à conquérir. Par exemple, à chaque fois qu'elle rencontrait un homme, elle devait absolument le considérer comme un excellent ami et avoir un comportement similaire, donc sans regard amoureux, sans un contact tactile trop rapide, et surtout sans chercher à résoudre l'ensemble de ses problèmes quotidiens, comme elle pouvait le faire auparavant.

Le résultat a été pour le coup très rapide, car certains de ses ex sont revenus (comme par hasard ?), elle avait dynamisé son quotidien par de nouvelles sorties et une plus grande confiance, et surtout elle a attendu que les hommes puissent se mettre à son niveau et que chacun propose de nouvelles idées de sorties. En phase d'attente, elle a eu beaucoup plus de succès que lorsqu'elle était active ! C'est quand même dingue non ?

Pas vraiment quand on y réfléchit bien et que l'on analyse les règles les plus élémentaires de la séduction.

C'est ainsi qu'elle a fait une rencontre qu'elle a jugée « différente » et qu'elle a pu entamer une relation sans perdre son équilibre personnel, et surtout sans aller voir cet homme tous les jours comme il le lui demandait.

N'oubliez pas que la fausse croyance ici est qu'il faut répondre aux besoins de l'autre pour lui permettre de s'épanouir. Sylvie a accepté de suivre mon conseil « Tu ne vas le voir qu'une à deux fois par semaine, pas plus. S'il veut te voir davantage, alors il doit se déplacer et te proposer des activités qui te plairont. Tu ne dois pas le voir tout le temps chez toi ou chez lui. »

Elle m'a demandé « Et s'il est fatigué après sa journée de travail ? ». Elle aurait pu me poser une autre question que vous avez sûrement en tête mais la réponse est la même « alors tu ne dois pas le voir et faire autre chose de plus fun qui t'apportera plus que le fait d'aller voir un homme qui sera harassé par sa journée de travail ».

C'est en équilibrant vos rencontres et en ne vous positionnant pas en demandeur que vous pourrez développer votre capital séduction.

8

IDÉE PRÉCONÇUE

LE RAPPORT DE FORCE N'EXISTE PAS

Ce que je vais vous dire dans cette partie ne vous fera pas plaisir, mais alors pas plaisir du tout ! Pourtant, je tenais absolument à vous expliquer ce que j'entends derrière la notion de « rapport de force ». Vous allez y voir une logique implacable et je suis prêt à parier que cela va vous aider à modifier votre comportement.

Petite précision pour entrer en matière. Avant d'être plus concret, que vous soyez célibataire ou en couple, les conseils de séduction vous serviront forcément pour votre vie quotidienne. Il s'agit vraiment d'étudier les rapports humains d'une manière générale, alors n'hésitez pas à appliquer les conseils dans tous les domaines de votre vie. Le domaine de la séduction doit être vu de manière large car il touche tous les domaines de la vie et pas seulement la rencontre amoureuse.

“ Le casse-tête de la séduction... ”

Quand j'ai commencé mon activité de coach en amour, j'accompagnais les hommes et les femmes, les aidant à trouver le grand amour et à vaincre le célibat.

De quelle manière ?

En leur faisant pratiquer des exercices de développement personnel et de socialisation, leur permettant de s'ouvrir peu à peu et de prendre confiance en leur pouvoir de séduction. En effet, la timidité ou le manque de confiance en soi sont deux problèmes sur lesquels il faut travailler lorsque l'on cherche l'amour.

Ce processus a obtenu et continue d'obtenir de grands résultats pour mes coachés. Je l'appelle très sobrement « la séduction naturelle ».

Mon objectif est très clair : faire ressortir le meilleur de mes coachés, en leur montrant qu'ils peuvent tout simplement être eux-mêmes et qu'ils n'ont pas besoin de jouer un rôle pour réaliser une belle rencontre ni surtout pour plaire. Il n'y a à mes yeux rien de plus puissant que l'authenticité pour créer une véritable attraction. Le pouvoir de la séduction est en vous les amis et nulle part ailleurs !

Pour trouver l'amour, il est important de savoir se mettre en valeur, de prendre conscience de ses qualités, et au final de pouvoir maîtriser une rencontre de « A à Z », c'est-à-dire de la première seconde jusqu'au « au revoir » final. Cela permet à mes coachés de ne pas tomber dans la dépendance affective mais tout simplement d'être acteurs de leurs propres vies.
Et je veux que ce soit également le cas pour vous qui lisez ce livre désormais.

Si vous souhaitez plus d'informations, je suis très fier du livre que j'ai écrit à ce sujet et qui s'appelle « Le Code de l'Amour ». Vous y retrouverez des exercices et des conseils présentant ma philosophie et le concept de la Séduction Naturelle.

Mais pour certaines personnes, je me suis aperçu que le côté naturel n'était pas forcément la voie à prendre. En effet, j'ai constaté une augmentation significative des problèmes de séduction car des hommes et des femmes se montraient trop gentils, trop attachés et tombaient souvent dans un amour à sens unique.

Un peu comme pour Sylvie dans l'exemple précédent, ces hommes et ces femmes avaient tendance à être trop acquis ou trop investis dans leurs relations.

C'est ainsi que j'ai développé une nouvelle méthodologie de séduction, qui s'adresse pour le coup à tout le monde, que vous soyez célibataire ou en couple, et qui se base sur le fameux dicton « Fuis-moi, je te suis ; suis-moi, je te fuis ».

Je sais très bien ce que vous vous dites à cet instant. De nombreuses personnes ont commenté mes vidéos sur YouTube (et c'est celle sur le « fuis moi, je te suis » qui a atteint plusieurs dizaines de milliers de vues, en l'espace de quelques semaines) en disant « Non, ça ne marche pas, je préfère être naturel(le) car ça ne sert à rien de jouer un jeu ! ».

Je vous invite donc à aller voir cette vidéo et à lire les commentaires, sans pour autant négliger la suite de ce que j'ai à vous dire ! Voici le lien pour ce faire :

https://www.youtube.com/watch?v=SPfEdpSs1-Y

Parce que vous allez constater que cette technique n'est absolument pas ce que vous pensez...

Le « Fuis moi, je te suis » ne consiste pas UNIQUEMENT à jouer un rôle en gardant une distance tout en se sentant mal. Il ne s'agit pas non plus de couper les ponts en attendant que ce soit l'autre personne qui fasse à chaque fois le premier pas.

Alors en quoi consiste-t-il concrètement ?

Appliquer une telle action, c'est surtout accepter l'idée de se centrer sur soi, d'équilibrer ses différentes vies et de montrer la meilleure image possible, tout en restant également un défi aux yeux de la personne à conquérir.

Cette technique vous permettra :

- de contrôler vos émotions pour combattre vos peurs ;

- d'équilibrer vos vies pour prendre du plaisir dans tous les domaines (personnel, professionnel, amical, familial et enfin sentimental), car vous ne serez pas en demande en permanence ;

- de séduire une personne en vous focalisant sur le moment présent et sur le besoin de nouveauté ;

- de renforcer votre relation en programmant des ren dez-vous positifs et agréables ;

- d'apprendre à modifier vos habitudes et à ne plus répéter les mêmes erreurs.

Il est important que vous quittiez vos a priori en acceptant l'idée que cette technique vous permette de gagner en confiance, sur tous les tableaux. Premièrement, vous pourrez reprendre votre vie personnelle en main et deuxièmement, vous pourrez prendre le temps de créer des moments magiques lors de la phase de séduction, ou dans votre couple selon le stade auquel vous vous trouvez.

Le « Fuis moi, je te suis » est donc une technique qui doit vous permettre de vous sublimer dans tous les domaines de votre vie. Vous devez prendre du plaisir à retrouver vos passions, à passer du temps avec vos proches, à vivre de nouvelles expériences et cela doit vous aider, soit à mettre du piment dans votre histoire, soit à attirer la bonne personne dans votre vie.

Vous devez donc accepter de mettre la notion de « je veux être en couple » au deuxième rang, pour vous concentrer sur des valeurs plus proches du plaisir, comme le lâcher prise, le moment présent, la philosophie carpe diem, l'envie de croquer la vie à pleines dents.

Je vous garantis, qu'en adoptant ce comportement au quotidien, vous aurez une séduction qui sera beaucoup plus puissante.

L'astuce audacieuse de cette philosophie est que vous pourrez parfaitement conserver en parallèle la séduction naturelle, pour la jumeler au « Fuis moi, je te suis » de manière à garder votre personnalité, la mettre en avant, et finalement à vous faire désirer pour ce que vous êtes et non pas pour ce que vous donnez ! (Souvenez-vous des fausses croyances vues un plus haut !).

De quoi accéder à un bonheur total, non ?

Je vous donne un exemple concret. J'ai guidé une jeune femme, Mélanie, âgée de 22 ans, qui était en couple depuis plusieurs années. De nature plutôt timide, même presque effacée, je lui ai demandé de concevoir sa relation comme une première rencontre de séduction, comme si elle venait tout juste d'échanger son numéro avec son copain.

Je lui ai adressé trois questions :

1. Quels seraient les changements qu'elle opérerait sur son comportement, si c'était une première rencontre ?

2. De quoi aimerait-elle parler avec lui ? Quelles sont les questions qu'elle lui poserait pour en savoir plus sur lui et le voir différemment ?

3. Comment ferait-elle pour que ce soit lui qui la séduise et non l'inverse ?

Ces questions n'étaient pas du tout anodines, elles avaient pour but que Mélanie puisse cibler exactement les comportements à changer et la bonne attitude à adopter en matière de séduction, celle que j'appelle « la femme fatale ». L'objectif était de lui permettre de retrouver de la confiance en elle et que son homme soit de nouveau attiré par sa personne.

Le résultat a été extrêmement rapide, elle a compris qu'elle devait retrouver de la joie de vivre et qu'en l'exprimant elle pourrait modifier son quotidien. Résultat, en 3 semaines seulement son homme s'est mis en position de demande et c'était lui qui courrait après elle par la suite. Plutôt une bonne nouvelle non ?

J'ai posé exactement ces trois mêmes questions à Romuald, un célibataire de 46 ans, divorcé depuis plusieurs années, qui peinait à refaire sa vie. À chaque fois qu'il rencontrait une femme, il se mettait en position « Speed dating » et réalisait un interrogatoire pour s'assurer qu'ils partageaient bien tous les deux les mêmes valeurs... Je vous laisse imaginer le désastre.

Aucune séduction naturelle, aucun plaisir, aucune envie de le fréquenter de la part des femmes qu'il rencontrait, et pourtant c'est un homme qui avait toutes les qualités pour faire une belle rencontre.

Je lui ai donc posé les trois questions en lui demandant d'oublier ses critères, simplement en se concentrant sur une notion importante : « Comment vivre un premier rendez-vous dont tu te souviendras toute ta vie ? ».

Dans cette situation, je parle du « Fuis moi, je te suis » car je demande explicitement à mon coaché de ne PAS penser à son besoin d'être en couple, mais se concentrer uniquement sur le plaisir du moment présent. Vous conviendrez qu'il ne s'agit pas du « Fuis moi, je te suis » traditionnel.

Là aussi avec Romuald, nous avons eu des résultats rapidement. Premièrement parce qu'il représentait quand même toutes les qualités qu'une femme pouvait rechercher chez un homme, mais également parce qu'il ne faut pas grand-chose pour trouver la bonne personne ou pour sauver son couple, il suffit de modifier ses habitudes et accepter le changement.

Pour vous refaire une petite confidence, je me suis longuement demandé comment je pouvais aider mes coachés en profondeur, à bien comprendre la notion du « Fuis moi, je te suis » sans leur faire perdre leur personnalité. La majorité avait toujours tendance à donner beaucoup d'attention sans en recevoir en retour.

Et puis un jour j'ai fait une réflexion en coaching, que j'utilise désormais presque à chaque fois : « Une relation a une valeur de 100 %, assurez-vous de ne toujours faire que 49 % des efforts pour que cette personne vous idéalise ».

Chaque conseil ne peut pas s'appliquer à tout le monde et vous devez donc faire le tri pour savoir ce qui va s'adapter à votre histoire, à votre caractère et surtout à vos envies. Mais si vous vous investissez et que vous savez que c'est le cas pour la personne qui essaye elle aussi de vous séduire, alors à cet instant vous aurez créé une vraie relation de complicité, de force, où chacun s'emploie à prendre soin de l'autre.

Petite précision pour éviter que mes propos ne soient mal interprétés.

Quand je fais référence à la notion de rapport de force, je ne veux absolument pas que vous conceviez cela en fonction d'un défi physique ou même psychologique, qui existe entre deux personnes. D'ailleurs, le rapport de force peut même être mis en place avec vous-même !

Pour vous prendre un exemple personnel, il m'arrive parfois de ne pas répondre à ma compagne... Non ce n'est pas si mal ! Vous allez comprendre pourquoi.

J'essaie d'éviter de communiquer avec elle dans la journée parce que je sais qu'aujourd'hui, avec tous les réseaux sociaux, la géolocalisation et les nouvelles technologies, nous sommes constamment en contact pour au final avoir des rapports qui sont bien moins développés car on se contente du superflu.

La fuite me permet dans ce cas précis, de pouvoir me lancer dans un dialogue plus fort, le soir quand je la retrouve. Moins je réponds au cours de la journée, et plus j'ai envie de la retrouver, pour passer un bon moment et non pas pour parler de mes problèmes, de mes articles ou des soucis du quotidien qui au final altèrent plus souvent la relation qu'ils ne la renforcent.

Je pense sincèrement que le rapport de force doit aussi vous aider à équilibrer votre histoire, pour la rendre encore plus belle surtout à l'heure actuelle où les nouvelles technologies ont tendance à détruire la complicité initiale de votre couple.

Et puis ne le cachons pas, ça fait toujours plaisir d'entendre son ou sa partenaire nous dire « Tu n'as pas répondu ! ... » On aime bien recevoir de l'attention non ? (petit sourire !).

“ Mais si je donne moins, je vais le ou la perdre ! ”

Juste une petite précision car j’ai entendu cette phrase des milliers de fois depuis 2007 (et quand je dis des milliers de fois, ce n’est pas une façon de parler, c’est la réalité !). Si une personne ne s’investit pas au moment de la phase de séduction, parce que vous ne lui donnez plus d’attention, alors c’est très clairement que ce n’est pas la bonne pour vous.

En général, cette phrase ne rassure pas. En revanche, je peux vous garantir que le « fuis moi, je te suis » vous permettra d’augmenter vos chances de séduction et de faire en sorte que dans la majorité des cas vous inversiez la tendance.

Et si c’était cet homme ou cette femme qui vous courrait après ?
Il est possible d’arriver à cette situation en acceptant là encore de modifier vos habitudes et de rompre avec la fausse croyance que le rapport de force n’existe pas...

9

IDÉE PRÉCONÇUE

IL EXISTE DES RÈGLES À RESPECTER

On imagine souvent qu'il existe des règles précises en matière de séduction ou de rencontres amoureuses. Par exemple « C'est à l'homme de faire le premier pas » ou encore « Il ne faut jamais coucher avant x jours ».

Au cours de ma carrière j'en ai entendu plusieurs, dont une assez loufoque qui m'a fait sourire. Un homme m'a écrit parce qu'il voulait apprendre à séduire et il avait prononcé à une femme qui l'intéressait : « Tu es trop stupide pour moi » sur un ton de voix grave pour éviter de lui donner trop d'intérêt et pour se positionner en tant que mâle alpha. C'est là, typiquement, la mauvaise interprétation de ce qu'est le concept du « fuis moi, je te suis » que je développe !

Cette expérience est touchante parce que cet homme était vraiment un mec génial, mais simplement il n'avait reçu aucune éducation en matière de séduction, il ne s'y connaissait pas vraiment pour charmer une femme. Alors il s'était rendu sur Internet et était tombé sur une des techniques de ce que l'on appelle les pick up artists (la traduction française est artiste de la drague) mais il l'avait malheureusement très mal adaptée à son cas personnel.

Cette technique porte le nom de neg hit et a pour objectif de faire une petite réflexion à une femme, de façon à réduire sa valeur et lui montrer qu'on la considère comme n'importe quelle autre personne.

Le problème est qu'elle est très tendancieuse à mes yeux, surtout en France, parce que c'est une technique employée outre Atlantique et qu'il faut donc bien l'adapter et également savoir l'utiliser à bon escient.

Si je vous raconte cette histoire, c'est pour vous dire qu'il n'y a aucune règle en matière de séduction qui fonctionne à 100 %, mais plutôt des conseils qui peuvent vous aider à nouer une relation stable et positive.

Vous devez désormais voir la séduction comme un moyen de prendre du plaisir, tout en affirmant votre personnalité, notamment au travers d'actions positives pour découvrir une personne et comme tout ce que vous pouvez mettre en place pour avoir confiance en vous.

Si vous savez ce que vous voulez et que vous mettez cette notion d'amour rêve en avant, à savoir que vous profitez de chaque instant, et que vous cherchez constamment à être positif, alors vous pourrez rapidement et naturellement prendre le contrôle de votre séduction et tenez-vous bien mesdames, même si vous couchez avec un homme dès le premier soir !

" Comment je peux vous guider à être plus séduisant(e) ? "

S'il n'existe (malheureusement) aucun conseil magique qui puisse être appliqué à tout le monde et en toute circonstance, je tiens tout de même à vous encourager à en suivre un seul, qui a très souvent apporté de grands résultats à mes coachés.

Mon conseil est simple en apparence, mais je suis sûr que vous avez tendance à le mettre de côté : investissez un maximum sur vous !

Aujourd'hui, pour être performant ou performante en matière de séduction, et je le rappelle, que ce soit pour trouver l'amour ou pour sauver votre couple, alors je vous encourage à toujours chercher à devenir une meilleure personne.

Cela peut être au travers de votre image, du culte de votre corps, de vos passions ou autre. Ce qui compte c'est que vous fassiez le maximum pour être fier de vous.

Une personne qui a confiance en elle et qui dynamise son quotidien devient forcément leader, donc séduisante !

Profiter du moment présent est l'unique règle à suivre !

Même en écrivant ces lignes je me dis « C'est pourtant simple comme conseil et vraiment, qu'est-ce que ça fonctionne bien ! ». Oui, ça marche à la perfection et surtout ça apporte des résultats durables. La majorité des hommes et des femmes abordent une rencontre avec la pression, l'envie de bien faire, avec une multitude d'interrogations, qui gâchent complètement leur naturel.

Sans vous en rendre compte, si vous arrivez à associer la séduction à une envie de bien-être et à un quotidien positif, alors je peux vous garantir que vous aurez plus de chances de trouver l'amour ou de sauver votre histoire.

La seule règle que vous allez devoir respecter est de penser à profiter ! Plus vous allez chercher à devenir une meilleure personne et plus vous aurez de chance de séduire, d'attirer et de plaire naturellement.

Alors qu'attendez-vous pour passer à l'action et combler votre manque de confiance ?

Question sondage : Comment savoir si c'est le bon ?

Avant de réaliser cet ouvrage, j'ai mis en place un sondage afin de recueillir vos questions et vos impressions. C'est ainsi que l'interrogation que j'ai le plus reçue en matière de séduction a été « Comment savoir que c'est vraiment la bonne personne pour moi ? ».

Je crois que c'est l'une des questions les plus difficiles en matière d'amour, parce que nous ne pouvons jamais avoir de certitude.

Malheureusement, chaque relation évolue et nous ne pouvons jamais avoir la garantie que la personne que nous rencontrons, ou avec qui nous sommes en couple actuellement, sera la bonne pour toute une vie.

En revanche, ce que je peux vous dire c'est qu'il est très facile de savoir si actuellement c'est cet homme ou cette femme qu'il vous faut.

Il s'agit de se poser deux questions et d'y répondre le plus sincèrement possible. La première est la suivante « Est-ce que je suis réellement épanoui avec lui/elle ? ».

Si la réponse est oui, que vous tirez un véritable bonheur de votre union ou tout simplement de votre séduction, alors il vous faudra vous poser une deuxième question : « Est-ce que je suis vraiment moi-même lorsque je lui parle ? ».

Si le bonheur est en place au détriment de votre naturel, alors sachez que les problèmes interviendront rapidement. Si vous répondez oui à cette deuxième question, c'est que vous avez tous les ingrédients pour construire une magnifique histoire !

Si votre réponse initiale est « oui mais... J'aimerais que... » alors vous devrez vous demander deux choses :

> 1/ Êtes-vous trop dépendant(e) et perfectionniste ? Si oui, c'est que vous en voulez sûrement trop et que vous pouvez lâcher un peu plus prise pour consolider votre histoire actuelle.
>
> 2/ Cette personne répond-elle vraiment à vos besoins ? Si non, vous devriez prendre la fuite pour ne pas vous lancer dans une histoire bancale, où vous aurez plus de chance de souffrir que de construire une relation durable et saine.

À cet instant, mes coachés me disent souvent « Oui mais je veux me battre pour ne pas me dire que je n'ai pas tout tenté ». Je comprends parfaitement cette envie et je vous invite alors à mettre en place le « fuis moi je te suis » pour voir si cette personne arrive finalement à vous offrir ce dont vous avez réellement envie.

Enfin bien évidemment si la réponse est « non je ne suis pas heureux ou heureuse », alors vous devrez très vite sortir de la relation ou du moins commencer à changer vos habitudes, pour ne pas rester dans un mal-être qui risque de vous détruire progressivement.

J'ai été plutôt surpris de me rendre compte que la question la plus fréquente pouvait être « Comment savoir si c'est le bon ou la bonne ? » mais je me dis que c'est désormais une information importante, car ça permet d'anticiper les réactions à avoir !

D'après vous ? Quel a été la deuxième question la plus posée ?

Question sondage : Comment être heureux à deux sur la durée ?

Vous vous demandez sûrement pourquoi je réponds à cette question dans la partie séduction ? Tout simplement, car pour moi c'est cette discipline qui est à l'origine de la majeure partie des sauvetages de couple.

Quand on arrive à remettre de la séduction dans son couple, on se retrouve forcément avec une relation plus saine, plus joyeuse, plus épanouissante et surtout plus vivante.

Le sondage que j'ai réalisé auprès de plus de 70 000 membres à ma newsletter, m'a montré qu'il était très important de vous dire « Comment réussir à faire durer sa relation pour toujours ? ».

Je vais y répondre dans la prochaine partie, en vous expliquant quelles sont les fausses croyances que nous avons tous en matière de vie de couple, et qui nous font réaliser de graves erreurs, et bien évidemment comment les combattre.

Simplement je voulais vous dire qu'en général, l'être humain a tendance à prendre pour acquis ce qu'il possède. Cela signifie qu'on investit toujours plus de temps et d'énergie au début de la relation parce qu'on veut vraiment que tout fonctionne le plus merveilleusement possible, mais une fois que la relation est établie alors on commence peu à peu à relâcher ses efforts et forcément à laisser la routine gagner du terrain.

Voilà comment la majorité des couples s'essoufflent, et la raison principale pour laquelle vous devez absolument remettre une pointe de séduction, de découverte, de nouveauté au sein de votre histoire.

Dans la prochaine partie je vous parlerai des règles à respecter et surtout des bonnes actions pour réussir à vivre son couple à 100 %, mais n'oubliez jamais que la séduction devra être présente au quotidien pour conserver le meilleur de votre histoire : l'envie de se plaire et de se séduire.

CHAPITRE 1
PARTIE 3

Avoir une vie de couple heureuse

Je ne vous cache pas que la vie de couple est le domaine dans lequel je suis le plus à l'aise. J'adore travailler sur les différentes problématiques et leur trouver des solutions. C'est un véritable challenge pour moi ! Vous allez penser que je suis complètement fou et c'est peut-être le cas... Mais quelle sensation de savoir qu'on a aidé un couple au bord du gouffre à sortir la tête de l'eau ! Ce que je dévoile peut sembler très égoïste mais ça ne l'est pas du tout tant je sais que mon rôle peut avoir une importance cruciale.

Très souvent, quand on est dans une crise de couple, on cherche une solution improbable, magique et surtout immédiate.

Il existe bien évidemment des astuces à mettre en place rapidement pour éviter une rupture, mais il vous faudra tout de même étudier en profondeur votre histoire pour éviter de reproduire les mêmes erreurs.

Si j'ai décidé de commencer cet ouvrage à travers une partie sur la séduction, ce n'est pas pour rien. En effet, je suis convaincu qu'il s'agit d'une solution à tous les problèmes (ou presque) de couple. Si demain vous arrivez à relancer l'attraction, le charme, le plaisir et la séduction dans votre relation alors vous aurez presque tout gagné.

Je dis presque car il y a quand même quelques confidences que je tenais absolument à vous faire.

Je ne vais pas réaliser de théories sur l'importance de la communication, le besoin d'avoir de bonnes relations sexuelles ou tout ce que vous entendez déjà régulièrement concernant l'amour.

Au contraire, aujourd'hui je veux me focaliser sur les règles et les conseils qui sortent de l'ordinaire, peut-être même qu'il s'agira d'une grande première pour vous mais je peux vous garantir qu'ils vont vous aider à révolutionner votre vision du couple et de l'amour.

Et même si vous êtes célibataire ou que vous avez l'impression que cette partie ne vous est pas destinée lorsque ferez l'acquisition de mon livre, je vous encourage vraiment à prendre le temps de bien la lire pour étudier en quoi nous faisons systématiquement fausse route quand nous évoquons la vie à deux !

10

IDÉE PRÉCONÇUE

LA DIFFÉRENCE ENTRE LES HOMMES ET LES FEMMES EXPLIQUE TOUS LES PROBLÈMES !

Savez-vous que les hommes et les femmes sont différents ? Que nous n'exprimons pas notre amour et nos sentiments de la même manière ? Je pense que ce n'est plus un scoop pour personne et pourtant j'ai une question à vous poser : Est-ce que cela vous aide vraiment à être heureux en Amour ?

Est-ce que constater les différences entre les hommes et les femmes vous aide à trouver les solutions et à mieux comprendre votre partenaire ?

Personnellement je ne le pense pas et je vous explique pourquoi dans cette partie.

" Les problèmes de couple m'ont appris quelque chose d'étrange... "

Depuis ma plus tendre enfance, on m'a toujours appris à étudier l'amour selon deux points de vue : celui des hommes et celui des femmes. Dès qu'un problème arrivait dans un couple, dans un film ou n'importe où, l'excuse qui revenait toujours était « Oui mais les hommes et les femmes sont différents ! ».

C'est vrai, nous sommes tous différents et cela a même été prouvé scientifiquement. Et pourtant, je pense que cette distinction n'a plus lieu d'exister pour comprendre les problématiques que vous rencontrez.

Si je me base sur l'ouvrage de Mars et Vénus de John Gray, tout peut s'expliquer par la différence de sexe. Alors peut-être que les hommes communiquent plus par les actes et que les femmes ont besoin d'entendre des mots ou de belles phrases pour être rassurées, mais j'ai rencontré au cours de ma carrière des hommes qui agissaient avec un comportement plutôt féminin et inversement.

Plus encore, j'ai accompagné des personnes qui étaient dans des relations homosexuelles et je me suis aperçu que leurs problématiques étaient EXACTEMENT les mêmes.

Un de mes coachés, Marcus, en avait même le sourire « Oui à part le fait qu'on puisse s'échanger nos vêtements, nos problèmes sont identiques à ceux des couples hétérosexuels ».

Tout cela pour vous dire que vous ne pourrez pas garder votre moitié en vous basant sur les « on-dit » ou en cherchant des excuses sur la distinction à faire entre les genres. Votre partenaire est spécial(e), unique et c'est votre mission que de le/la comprendre en profondeur comme je vous l'ai préconisé dans la première partie.

Ce n'est pas, Mesdames, parce que c'est un homme, qu'il ne sait pas dire « Je t'aime », qu'il entre dans sa grotte dès que ça ne va pas entre vous, qu'il a un comportement d'ours... Même si cela vaut pour la majorité d'entre nous.

Pareil pour nous Messieurs, la solution ne viendra pas d'un magazine féminin qui vous expliquera comment donner du plaisir à votre compagne, comment lui exprimer votre amour ou pire encore, que lui offrir à la Saint-Valentin. Ces règles trop générales ne suffisent plus. Nous sommes rentrés dans l'ère de l'amour rêve où il faut que vous arriviez pleinement à comprendre votre partenaire en profondeur, dans ses spécificités et son originalité.

Vous ne pouvez plus vous baser sur les généralités concernant les hommes et les femmes afin d'adopter le bon comportement en amour. Cela vous apportera éventuellement une meilleure compréhension de votre partenaire ou de la personne que vous aimeriez séduire mais vous devez désormais aller encore plus loin, en étudiant spécifiquement son passé et ses désirs pour le futur, pour être sûr d'adopter le bon comportement.

Parole de coach qui vous aide à sauver votre mariage et votre famille.

“ Alors comment fait-on pour mieux comprendre son/sa partenaire ? ”

J'ai déjà apporté un élément de réponse à l'occasion de la fausse croyance numéro 5. Pour étudier et comprendre les attentes, les besoins, les envies, les désirs d'une personne, il faut se pencher sur deux points principaux : son passé et son futur.

Votre devoir consiste à savoir ce que votre partenaire a ressenti dans son enfance, quelle est sa personnalité, comment il ou elle exprime son amour, comment il ou elle aime recevoir votre amour, quels sont ses rêves, quelle est votre position dans ses rêves à lui/elle...

Plus vous arriverez à dépasser la simple différence de sexe et plus vous serez lucide et donc serez en capacité d'atteindre l'osmose sentimentale. Je peux vous garantir que le simple fait de dire « c'est un homme » ou « c'est une femme » de votre partenaire vous empêchera de réellement creuser sur vos différences profondes et donc sur la compréhension de ses attentes et ses besoins.

Petit scoop de coach... Mais de grande valeur !

Mes expériences m'ont permis de comprendre une chose. Quelle que soit la personne que vous avez en face de vous, et quand j'écris cela, c'est valable pour une personne en recherche d'emploi, comme pour un très grand chef d'entreprise, nous avons tous des besoins et des insécurités. À partir du moment où vous comprenez cet aspect, vous faites un bond dans la compréhension de l'autre (et donc de votre moitié !).

Si vous arrivez à les étudier, indépendamment du sexe de la personne, que vous arrivez ainsi à saisir les besoins et les peurs les plus profondes de votre partenaire, alors vous aurez accès à une vie de couple très stable et surtout très épanouissante.

C'est pourquoi je vous encouragerai toujours à essayer d'innover un maximum dans votre approche de la relation, dans votre envie de répondre à des besoins souvent non évoqués et dans votre réflexion habituelle basée sur l'homme et la femme.

Il y a toujours une raison plus précise à ces différences que je vous invite à étudier en profondeur !

11

IDÉE PRÉCONÇUE

L'AMOUR S'AUTO ALIMENTE

À une période de ma vie j'ai pensé, à tort, que le fait d'aimer une personne était suffisant, et je suis certain que vous réfléchissez également de cette manière. Puis un jour, je me suis rendu compte que je devais complètement changer mes perceptions. Aimer sa chérie ou son chéri en silence ou dans son for intérieur ne suffit pas. Il est nécessaire de le prouver et de chercher à le faire constamment.

Bien évidemment, cela n'est pas simple et surtout pas forcément naturel, mais depuis que je me suis obligé à faire chaque jour, une action positive envers trois personnes que j'aime, je me suis rendu compte que j'étais capable peu à peu d'envoyer un message sympa à ma mère, de faire un cadeau à mon neveu, d'organiser une sortie avec un ami, de programmer mes vacances avec ma compagne etc. De petites choses en apparence, mais qui me permettent surtout d'équilibrer ma vie et de donner de l'attention aux détails que nous considérons souvent comme acquis, ou pire, insignifiants et qui donnent toute leur force à une relation.

Je dis souvent en coaching que l'amour ne se suffit pas à lui-même et qu'il ne s'autoalimente pas, cela signifie que vous pouvez aimer une personne comme un fou. Si vous ne faites pas tout pour le lui montrer, vous améliorer et vous surpasser, alors comment allez-vous pouvoir entretenir votre relation ?

Et comme vous le voyez avec mes exemples, je vous parle de relation au sens large, avec vos parents, amis, connaissances, et bien évidemment partenaires.

Vous devez absolument retenir que ce n'est pas parce que vous aimez une personne que vous arriverez à combler ses besoins... Tout n'est pas naturel malheureusement. Il vous faudra accepter de vous forcer et nous allons étudier le « comment ? » dans cette partie.

“ L’amour c’est quoi au juste ? ”

Je vous ai présenté la séduction comme étant le meilleur moyen de vibrer, d’exister, de profiter du moment présent... Eh bien l’Amour c’est exactement la même chose ! Vous devez prendre en compte que chaque moment doit être amélioré, développé et surtout croqué à pleines dents. Si vous perdez cette nécessité d’entretien, vous ne ferez que le strict minimum : aimer une personne en silence !

Ce matin, et comme c’est le cas régulièrement, j’ai reçu un email d’une jeune femme du Québec qui m’a écrit « je ne montrais pas à mon homme mes sentiments, même si j’en avais envie ».

Ça me permet d’ailleurs de rebondir sur ce que j’expliquais, il ne faut surtout pas faire de généralité entre les hommes et les femmes, car parfois certaines personnes agissent dans un style opposé.

Juste pour vous dire que je ne veux PAS que vous vous retrouviez dans cette situation. J’ai partagé tellement de regrets suite au départ de mon papa, que je me suis dit « Mais merde, on aurait pu avoir une histoire encore plus belle et plus grande ». C’est pareil pour le couple, l’amitié ou les relations professionnelles.

L’amour (au sens large) est là pour vous faire vibrer, pour vous faire exister, pour vous faire donner le meilleur de vous-même !

C’est la raison pour laquelle vous devez toujours chercher à l’entretenir et à donner le meilleur de vous-même.

Ne vous dites plus qu’aimer est suffisant car malheureusement ce n’est pas le cas. C’est à mon sens la fausse croyance que ce livre doit déconstruire en priorité, avec surtout un nouveau comportement à adopter immédiatement, pour que dès demain matin vous débutiez votre journée avec un objectif précis : « Comment allez-vous dévoiler votre amour à trois personnes ? »

Cette question a changé ma vie il y a maintenant plusieurs années et je la recommande à chacun de mes coachés.

Pour vous donner un exemple concret, j'ai décidé ce matin d'appeler ma grand-mère (je ne l'avais pas fait depuis 3 semaines, honte à moi-même, mais j'ai un planning extrêmement chargé), d'organiser un brunch surprise pour ma compagne ce week-end, et d'envoyer un paquet de bonbons à mon neveu qui me réclame des sucettes qu'on ne trouve pas en France.

Des choses toutes bêtes, que j'avais tendance à remettre au lendemain et qu'aujourd'hui je vais pouvoir être fier de faire.

" Nous ne sommes pas toujours « logiques »... "

Je conçois que tout ce que je vous dévoile jusqu'à présent puisse vous interloquer voire même vous choquer. Pour appuyer mes propos, je parle très souvent d'un ouvrage en coaching qui permet d'en apprendre énormément sur les relations humaines.

Son titre sonne « négatif » mais je peux vous garantir que cet ouvrage va vous aider à mieux étudier notre manière de fonctionner et donc à mieux comprendre comment répondre aux attentes et besoins de votre partenaire, de vos amis, de vos proches, et plus globalement de toutes les personnes que vous rencontrez au quotidien.

Il s'intitule « Influence et manipulation » de Robert Cialdini. Ce psychologue relève l'ensemble des leviers émotionnels et cognitifs de l'être humain. C'est franchement une mine d'or pour combattre tout ce qui vous empêche de vous épanouir, comme votre dépendance affective, votre peur de l'engagement, vos crises de jalousie, votre incapacité à profiter des petits instants de bonheur du quotidien... C'est une sorte de bible de la psychologie humaine !

" Ne prenez aucune personne pour acquise "

Si vous saviez le nombre d'hommes et de femmes que j'ai reçus en pleurs, parce qu'ils venaient de vivre une rupture ou subissaient des problèmes depuis plusieurs mois parce qu'ils avaient pris leur partenaire pour acquis, vous seriez désespérés autant que moi.

Je veux vous éviter cette situation à tout prix, car je crois que c'est la pire de toutes. Vous n'avez pas forcément mal agi mais vous avez oublié de valoriser ce qui vous « appartenait ». C'est aussi cette sensation que j'ai ressentie lors du décès de mon père, cette amertume de se dire « Mince, j'aurai pu donner tellement plus d'amour et d'attention ».

Je discutais avec Adrian, love coach à Miami, qui m'a dit « Prendre son partenaire pour acquis, c'est recevoir un coup de bâton à retardement ». Vous ne vous rendez peut-être pas compte des problèmes à l'heure actuelle mais un jour la bombe va exploser et il sera trop tard pour agir.

C'est exactement ce qui est arrivé à François, chef d'une très grande entreprise, qui ne donnait son attention qu'à son entreprise et qui passait son dimanche à se reposer sur son canapé.
Il est rentré chez lui un soir et a entendu sa femme en pleurs lui dire qu'elle n'en pouvait plus de cette situation et qu'elle souhaitait divorcer.

J'ai aussi accompagné Françoise, commerciale, qui a vu son mari partir dans les bras d'une autre, car elle se consacrait uniquement à ses enfants et qu'elle en avait oublié son rôle de femme, que ce soit pour elle-même mais aussi pour son mari.

Heureusement pour ces deux personnes, elles ont réussi à retrouver leur partenaire mais malheureusement ce n'est pas le cas de tout le monde. Alors je vous encourage vraiment à sortir de votre zone de confort pour donner de la valeur aux personnes que vous aimez car dans la vie rien n'est jamais acquis...

Alors retenez bien que l'amour ne s'autoalimente pas, on pourrait même prendre l'image d'un nourrisson pour le définir. Vous allez devoir constamment transmettre de l'attention, en prendre soin et mûrir avec, car cela vous rapportera dix fois plus de bonheur que tous les sacrifices engagés !

12

IDÉE PRÉCONÇUE

COMMUNIQUER EN AMOUR C'EST SIMPLE !

En échangeant la semaine dernière avec une amie et consœur lifecoach aux USA, je me suis aperçu à quel point l'amour avait le pouvoir de décupler les émotions. Pour être honnête j'en avais déjà pleinement conscience mais ça a été une confirmation. Ainsi, lorsqu'une personne que vous aimez réalise une mauvaise ou une bonne action, ce que vous ressentez à l'intérieur de vous est décuplé.

C'est à cet instant que je me dis qu'il est très important d'apprendre à contrôler ses émotions, à analyser comment l'amour vous fait réagir et quelles sont les solutions pour prendre la pleine mesure de tout cela.

Nous savons tous que la communication est un des piliers fondamentaux de notre relation amoureuse. Il est important de dialoguer, d'écouter et de faire preuve d'empathie. Malheureusement dans la pratique, nous avons plutôt du mal à réussir ce travail de communication et nous envisageons plutôt le dialogue comme un moyen de dire les choses telles que nous le pensons, sans forcément prendre en compte la façon de voir de notre partenaire.

" Il existe plusieurs manières de communiquer ! "

Cette situation m'amène au constat que la communication par les mots n'est plus suffisante lorsque l'on veut obtenir une vie de couple stable et surtout épanouissante.

Il ne suffit plus de dire ou même de répéter son message plusieurs fois pour s'assurer que la communication se déroule à merveille dans votre couple. C'est la raison pour laquelle je vous ai invité précédemment à lire l'ouvrage de Gary Chapman « Les 5 langages de l'amour » afin de bien prendre conscience des différences qui existent entre vous deux.

Je considère qu'il est important pour l'ensemble de mes coachés de ne pas s'arrêter aux mots dans leur communication et d'y associer des actes, par la même occasion.

Demandez-vous toujours « comment je peux exprimer mon amour ou mes envies par des actions précises ? ». Cela peut être un week-end surprise, un cadeau, une action physique comme le toucher ou une autre action qui vous donne envie de communiquer sur vos sentiments ou sur votre envie de casser la routine par exemple.

" Pourquoi j'ai du mal à communiquer avec mon ou ma partenaire ? "

Une question qui est souvent revenue lors de mon sondage sur la problématique qui vous dérange le plus en amour était « Comment avoir une bonne communication ? ». Il est vrai que ce n'est jamais simple de dialoguer avec son ou sa partenaire d'autant plus que vous savez désormais que nous sommes tous très différents.

Pourquoi est-ce si difficile de communiquer ?

En réalité parler est simple mais se comprendre est une autre histoire.

La première raison se porte sur les différences de perceptions. Chaque mot n'a pas la même signification pour tout le monde. Nous pouvons dire des choses qui blessent ou ne pas faire passer le bon message en essayant de trop protéger l'autre.

Pas toujours facile de dire ce qui nous dérange, sans faire mal, et c'est pourquoi la communication verbale n'est pas le centre d'un couple et ne l'a probablement jamais été ! Je me rends aussi compte que de nombreux couples communiquent quand tout va mal mais ne cherchent pas spécialement à dialoguer quand tout va bien, ou à exprimer leur amour profond.

" Vous avez tendance à dramatiser l'ensemble des problèmes de votre couple... "

Les difficultés proviennent également de ce que j'appelle « Les filtres d'interprétation ». Ils sont nombreux en matière de relation et ne proviennent pas du dialogue en lui-même, mais plutôt de votre petite voix intérieure.

« S'il ne m'appelle pas c'est qu'il ne pense pas à moi ».
« S'il ne me dit pas je t'aime c'est qu'il n'en a rien à faire de moi ».
« Si elle m'offre plus de cadeaux c'est parce qu'elle a perdu ses sentiments ».
« Si elle refuse nos sorties c'est parce qu'elle veut me quitter ».

Généralement quand cette petite voix intérieure vous parle, ce n'est jamais pour vous dire que vous êtes génial ou que votre histoire est parfaite. Elle est très négative et envisage tous les problèmes du monde.

C'est un peu comme si vous tapez « Mal de tête » sur Google et que vous observez les réponses qui vous parlent des maladies les plus graves, alors que vous avez simplement une petite migraine passagère !

Je vous invite vraiment à laisser les interprétations négatives et les peurs de côté.

Comment communiquer efficacement dans son couple ?

La première des réponses que je peux vous apporter est de toujours communiquer dans la langue de l'autre pour que votre message soit compris. Si votre homme est incapable de vous dire « Je t'aime » alors vous pourrez le lui répéter des centaines de fois peut être qu'il a besoin d'une communication différente ? Centrée sur les actes, le toucher, la surprise ou les cadeaux ?

Pareil pour nous Messieurs, il est important de bien se demander comment notre femme communique pour lui transmettre tout l'amour qu'elle mérite.

Ensuite je vous invite à chercher à innover pour ne jamais vous focaliser uniquement sur les mots mais pour toujours surprendre et plaire. La communication doit être entrevue au sens large comme le moyen de faire passer un message et de transmettre son amour. Ce n'est plus uniquement le fait de parler...

13

IDÉE PRÉCONÇUE

FAIRE DES COMPROMIS C'EST POSITIF !

Non, je ne suis pas tombé sur la tête. Je sais que l'on vous a toujours dit qu'il était important de faire des compromis pour avoir un couple heureux. Et pourtant, j'ai décidé de casser cette fausse croyance à la suite de mes expériences.

> *" Le compromis n'est que la première étape des crises de couple ! "*

C'est en coachant Émilie que j'ai eu mon premier déclic afin de me dire « Nous ne devons plus chercher de solutions à l'amiable ». Non pas que je sois partisan des conflits, mais j'estime qu'une fois que vous devez réaliser des compromis, c'est que votre couple est entré dans une zone de turbulences dont il sera complexe de sortir.

Nous avons un « mauvais » trait de caractère en tant que bonne personne, à savoir celui de faire plaisir à un maximum autour de nous. C'est ainsi qu'on se retrouve en position de faiblesse, qu'on accepte des choses qui nous font du mal, en espérant des jours meilleurs par la suite.

Alors j'ai une nouvelle confidence à vous faire : je ne veux pas d'une relation de compromis pour vous !

Pourquoi se satisfaire de la solution de facilité mais où le bonheur n'est pas vraiment au rendez-vous ? Surtout quand vous avez aujourd'hui tous les moyens de créer une vie de couple performante, heureuse et positive !

Quand Émilie m'a consulté, c'était parce que son homme voulait absolument regagner sa liberté et voir ses amis plusieurs fois dans la semaine. Il la négligeait totalement, ne s'impliquait plus du tout dans la relation et il commençait vraiment à avoir un comportement irrespectueux. Il s'imposait largement et avait donc fait la demande (qui était en réalité une obligation) de pouvoir sortir 4 à 5 soirs dans la semaine !

Elle a accepté et a réservé une séance de coaching pour me demander comment gérer cette situation, mais c'était déjà trop tard, le processus était lancé. Vous ne pouvez pas espérer avoir un couple heureux en sacrifiant vos valeurs. Je ne dis pas qu'il faut en permanence être ensemble, vous avez bien compris que je vous invite à avoir votre personnalité mais il ne faut pas non plus accepter l'inacceptable.

À partir du moment où vous estimerez avoir réalisé des compromis, vous pourrez vous dire que vous n'êtes plus vraiment sur la même longueur d'onde que votre partenaire et qu'il y a un problème plus profond qu'il faudra rapidement résoudre.

J'ai posé une question à Émilie afin de la faire réagir positivement « Si tu regardes dans ton passé, à chaque fois que tu as pris une décision qui allait à l'encontre de ta personnalité, as-tu réussi à être heureuse ? ».

Je vous laisse imaginer la réponse et je vous invite à vous la poser à chaque fois que vous estimerez essentiel de devoir faire des compromis pour sauver votre couple...

“ Quelle est la réalité qui se cache derrière les compromis ? ”

Alors je ne suis pas fou, bien évidemment il y aura des accords à trouver pour obtenir une vie conjugale dans laquelle chacun peut aussi prendre du temps pour soi. Mais si je reviens à l'exemple d'Émilie, je peux vous garantir que si votre homme essaye de fuir le foyer conjugal et familial quatre fois dans la semaine, c'est qu'il y a forcément un problème profond dans votre relation, que vous allez essayer d'étouffer.

Malheureusement, quand on agit ainsi on ne fait que repousser les problèmes et surtout ils reviendront toujours avec plus de force.

Les compromis sont très souvent pratiqués pour essayer de résoudre une frustration mais ils ne font en général que l'augmenter, jusqu'à ce qu'elle éclate et qu'elle engendre dans la majorité des cas une rupture douloureuse et inévitable.

" Comment réagir quand on a des problèmes ? "

Puisque je viens de bouleverser une des fausses croyances concernant le meilleur moyen de résoudre un problème, il est grand temps je pense, de vous apporter des réponses concrètes et de vous expliquer exactement comment faire pour réagir efficacement dans son couple quand vous avez des soucis.

La majeure partie de mes séances coaching se dirigent vers des hommes et des femmes qui connaissent de graves troubles dans leurs vies conjugales. Chaque petite erreur a tendance à provoquer un tremblement de terre.

Avez-vous déjà connu ce genre de situation dans laquelle vous êtes complètement stressé à l'idée de rentrer chez vous ou de réaliser de mauvaises actions au point que TOUT ce que vous faites soit finalement négatif ?

Je me souviens une fois avoir reçu Christophe en coaching. Cet homme de 46 ans était « sur la sellette » pour reprendre les termes qu'employait sa femme. Il devait absolument changer pour qu'elle décide de rester avec lui, sinon le divorce était inévitable. Quand il m'a contacté, j'ai senti un homme triste, épuisé, il avait tenté de se racheter par tous les moyens mais il se heurtait toujours à la distance de sa femme.

Je peux vous garantir qu'il avait testé et imaginé tous les compromis du monde mais aussi réalisé de nombreuses promesses pour essayer d'adoucir sa compagne.

Qu'avait il fait pour en arriver là ? Il s'était montré odieux pendant des années, en considérant sa femme comme acquise et en lui parlant sur un ton agressif.

Il avait pris cette habitude jusqu'au jour où elle a craqué et a commencé à lui faire comprendre qu'elle ne pouvait plus supporter une telle situation. Malheureusement pour lui le déclic était intervenu un peu trop tard et il se retrouvait actuellement dans une situation plus que dramatique.

Autre problème majeur, il s'est rendu compte que s'excuser ne faisait qu'augmenter la colère de sa femme et il ne savait plus comment se comporter. C'est à cet instant, quand tout était « perdu d'avance », qu'il a décidé de me contacter.

La première chose que je lui ai dite l'a perturbé mais j'avais besoin de planter le décor : NE VOUS EXCUSEZ PLUS JAMAIS !

Les mots n'ont strictement aucun impact quand vous essayez de prouver un changement et de raviver la flamme chez votre partenaire.

Je sais que, comme Christophe, vous avez du mal à accepter l'idée d'avoir commis des erreurs et d'avoir fait souffrir la personne que vous aimez, mais le meilleur moyen de résoudre un problème n'est pas de parler, c'est de prouver par des actes votre changement.

Si vous avez besoin de vous exprimer, alors faites-le dans une lettre manuscrite car contrairement à la croyance collective, il s'agit bien d'un acte fort et non d'une communication orale qui sera vite oubliée tant on sait que la mémoire humaine est limitée et qu'on retient en général uniquement 10 % des mots, dont la moitié sera consacrée aux mots négatifs ou aux mauvaises interprétations.

Si vous voulez vraiment résoudre vos problèmes alors vous devrez viser juste et avec des actions plus fortes, afin de donner un cadre puissant à vos excuses. C'est votre rôle que de réfléchir à une action qui va réellement avoir un impact et surprendre votre partenaire.

Pour en revenir à Christophe, je lui ai imposé de faire plusieurs actions comme consulter un coach en communication, faire du yoga pour contrôler sa négativité, donner de son temps à une association pour relativiser ce qu'il considérait comme des problèmes, alors que sa vie était bien plus belle qu'il ne le pensait. Toutes ces actions ont eu pour but de PROUVER qu'il avait changé et qu'il ne se contentait plus simplement de se confondre en excuses sans que sa femme puisse constater son changement et son évolution intérieure.

La leçon que vous devez tirer de cette partie est qu'il vaut mieux une bonne action que dix communications inefficaces avec votre partenaire. Vous devrez également mettre l'accent sur le positif, pour dévoiler votre évolution PERSONNELLE et ne plus rester coupable du passé, une position qui vous empêchera de recréer de l'attraction et de la passion dans votre couple.

Enfin, aussi étrange que celui puisse paraître, j'ai demandé à Christophe de ne plus se mettre trop en demande et de penser aussi à conserver sa vie personnelle. Ce n'est pas parce que vous avez commis une erreur que vous devez absolument être constamment à la maison à prouver votre amour. Vous aurez du mal à relancer la séduction et l'attraction dans ces conditions. C'est pourquoi je vous recommande vraiment de prendre en compte vos envies personnelles, de faire ressortir le meilleur de vous-même et de montrer que vous êtes serein ou sereine concernant votre changement définitif !

14

IDÉE PRÉCONÇUE

POUR SAUVER UN COUPLE, IL FAUT LIMITER LES PROBLÈMES !

J'en ai déjà un petit peu parlé mais je tenais absolument à donner encore plus de précisions sur « comment sauver un couple ? ».

La pensée collective est de chercher à limiter les dégâts, réduire les problèmes et essayer de ne pas avoir de crises.

Si vous arrivez à ce stade-là, ce sera déjà très bien je vous l'accorde. Mais de vous à moi, ce n'est pas suffisant ! Au même titre que je ne veux pas d'une relation faite de compromis pour vous, je ne veux pas non plus que votre histoire ne soit pas extrêmement puissante.

Je ne connais aucun couple qui puisse durer quand il n'y a pas de vraie passion ou de projets communs qui transportent les deux personnes. Vous devez chercher à créer cette complicité ou cette vision commune pour renforcer votre relation.

Comme vous vous en doutez, pour sauver un couple il ne faut pas limiter les problèmes mais il faut plutôt chercher à relancer le bonheur, le positif et à vraiment reprendre en main tout votre quotidien.

Ne vous satisfaites pas de la solution qui consiste à ne plus être dans la pire situation car vous allez très vite déchanter et de nouveau y replonger.

" Comment réagir de la bonne manière quand rien ne va plus ? "

La première chose que je demande aux personnes que je coache est de prendre l'exacte mesure de la situation. Vous devez affronter les problèmes avec force et caractère. Vous devez trouver des solutions qui vous amènent à devenir ACTEUR de votre vie sentimentale.

C'est en passant à l'action et en vous focalisant uniquement sur ce que vous voulez réellement comme maximum de bonheur, que vous pourrez à la fois sauver votre couple, relancer la passion et voir votre futur d'un très bon œil.

Vous ne pouvez et surtout ne devez plus accepter d'avoir une relation qui ne soit pas parfaite !

Même si nous savons tous que vous ne pourrez pas atteindre la perfection, cela doit absolument rester votre objectif. Comme on dit... « C'est en visant la lune qu'on atteint les étoiles ».

" Qu'est-ce qui vous empêche d'avoir le bon comportement ? "

Je sais que c'est plus facile à dire qu'à faire. Mais en étudiant mes coachings et en étant en réflexion permanente, je me suis rendu compte que vous aviez surtout un seul aspect à contrôler : votre peur.

Vous avez tellement peur de mal faire que vous êtes incapable de bien agir. Quand tout va mal dans un couple, on a souvent tendance à imaginer le pire et à se laisser submerger par les émotions.
Vous devez dès à présent combattre la peur en vous concentrant essentiellement sur les meilleures actions à mettre en place pour vous et pour votre couple. Les résultats viendront au fur et à mesure, vous devez faire preuve de patience mais c'est vraiment le meilleur moyen de sortir un couple d'une crise régulière.

Je vais vous aider à passer à l'action grâce à la troisième partie de cet ouvrage ainsi qu'à trouver un soutien émotionnel positif. Vous allez devenir maître de votre destin pour ne plus jamais laisser les émotions négatives prendre le dessus. C'est ce que j'aime par-dessous tout dans mon métier, savoir que l'on apporte des réponses et du bonheur.

Mais juste avant de vous transmettre tous mes conseils, j'ai une petite mise en garde à vous faire.

Je tiens à vous faire prendre conscience que chaque décision que vous allez prendre pour améliorer votre couple aura une grande incidence. Laissez les peurs de côté mais ne faites pas n'importe quoi...

" Une expérience coaching qui m'a vraiment marqué... "

Il y a plusieurs années, j'ai reçu en coaching un homme qui est venu vers moi pour une situation « étrange ». Sa femme venait de le quitter car elle ne pouvait plus se regarder dans un miroir.

La raison ?

Ils avaient décidé de tester ensemble une nouvelle pratique car leur vie sexuelle était devenue monotone. Monsieur voulait absolument tester l'échangisme, en se disant que cela pourrait relancer la passion dans leur relation. Elle aussi était tentée par l'expérience.

Depuis, j'ai reçu des dizaines d'hommes et de femmes qui se retrouvaient dans la même situation. Tester la pluralité sexuelle peut vous sembler être une bonne chose pour apporter du piment dans votre histoire, pour relancer la passion ou l'attraction physique mais cela peut aussi détruire définitivement votre relation.

En toute sincérité, il s'agit d'un cas de coaching que je n'ai réussi à résoudre qu'à une seule reprise car votre partenaire perd tous ses repères. Alors je vous invite avant de choisir une action « miracle » ou que vous estimez « géniale », à bien peser le pour et le contre, ou plutôt à imaginer les effets pervers qu'elles peuvent avoir sur votre relation.

Parfois on se sent prêt mais on se ment à soi-même ou on n'ose pas dire « Non » à son/sa partenaire par peur de tout perdre. Attention à chaque action que vous allez mettre en place car elle peut non seulement briser votre relation, mais également votre partenaire.

15

IDÉE PRÉCONÇUE

NOUS DEVONS ACCEPTER DE NOUS SATISFAIRE DE CE QUE L'ON A

Je tiens à nuancer mes propos dans cette partie car je conçois parfaitement que le bonheur n'est pas une destination mais un voyage pendant lequel il est très important de pouvoir apprécier ce que l'on possède.

À toujours chercher à obtenir plus on peut parfois se perdre et tomber dans une forme d'insatisfaction.

Et pourtant, j'ai eu un jour la chance de pouvoir rencontrer Tony Parker (grand basketteur français) qui m'a dit une phrase qui raisonne tous les jours en moi « Le plus dur n'est pas d'être numéro 1, c'est de le rester ».

Pourquoi elle raisonne tous les jours en moi ? Non pas que je fasse une obsession sur l'envie de devenir un coach mondialement reconnu mais plutôt parce que tous les jours je parle à des hommes et des femmes dont la relation connaît des problèmes à cause de la routine.

Alors si je devais adapter cette phrase à notre vie quotidienne et à l'amour je dirais : « Le plus dur n'est pas d'être en couple, c'est d'être heureux à deux sur la durée ».

Cela nécessite de faire de nombreux efforts, d'accepter de se remettre en cause et donc d'éviter de trop se satisfaire de ce que vous possédez à l'heure actuelle, même quand tout semble magique.

Ce procédé doit également vous aider à ne jamais tomber dans la routine et à toujours entretenir la flamme dans votre couple. C'est la raison pour laquelle je dis souvent à mes coachés « Ne vous satisfaites pas du moment présent, continuez à voir plus loin ».

Je sais que nous sommes dans une société où la normalité serait plutôt de savoir apprécier ce que l'on a et de ne jamais chercher à se plaindre.

“ Que demandes-tu à tes coachés pour qu'ils aillent de l'avant ? ”

Je me suis aperçu que j'avais tendance à demander à mes coachés de chercher l'excellence, à la fois dans leur comportement vis-à-vis de la relation mais également dans l'équilibre de leur vie. Je sais que ce n'est pas toujours facile pour eux de devoir se remettre en question, de modifier leurs habitudes, mais il est nécessaire de toujours chercher à donner le meilleur de soi car sinon, malheureusement, la rupture n'est jamais bien loin.

Je me suis rendu compte que tous les problèmes de couple étaient très souvent des bombes à retardement. Peut-être que votre femme ou votre homme ne le dit pas expressément mais vos problèmes de couple conduiront à une très grande crise dans les prochains mois en fonction de votre attitude.

Vouloir « plus » pour sa relation est un apprentissage que je vous invite à prendre en compte immédiatement. N'hésitez pas à vous demander comment vous pouvez généraliser ces envies à l'ensemble de vos vies, pour ne plus jamais être inactif.

“ Comment réussir à imposer mes envies ? ”

Je vais aller droit au but pour cette question : ce n'est PAS possible !

Quand on parle de vie de couple, le regard des autres et notamment de nos proches a très souvent un rôle à jouer. Si vous avez entendu des règles très strictes concernant comment votre relation amoureuse devait se dérouler, alors sachez que vous a le droit (et même le devoir) de les contourner.

Il n'y a aucune règle sociétale qui puisse vous aider à être vraiment heureux en amour s'il vous apporte des contraintes et des obligations. Il en est de même pour votre partenaire. Vous ne pourrez pas exiger de sa part que son comportement soit exactement comme vous le souhaitez. Un couple se vit à deux et il faut l'accepter pour ne plus remettre la faute uniquement sur l'autre...

Quand vous cherchez à rentrer dans des cases parce que tout le monde vous dit qu'une relation doit s'établir de telle et telle manière, alors vous vous heurtez à un grand problème, celui de ne plus être capable de lâcher prise et de mettre votre personnalité au service de votre couple.

Je fais partie de ceux qui pensent que les différences permettent de rassembler et de multiplier le bonheur. Vous pouvez parfaitement échanger, apprendre de l'autre plutôt que vouloir absolument le ou la faire rentrer dans des cases qui vous correspondent.

Et si vous décidiez désormais de simplement agir selon votre intuition ? Selon vos réelles envies ? Et avec en ligne de mire le besoin de vous épanouir ? Vous aurez là le comportement idéal pour ne jamais être en dépendance, pour ne pas prendre votre partenaire pour acquis, pour éviter de focaliser sur ce que les autres veulent pour vous et tout simplement pour être heureux.

Dans la prochaine partie, nous allons évoquer ensemble la rupture amoureuse et l'apprentissage que j'en ai retiré en tant que coach. Vous allez voir que c'est souvent dans les difficultés les plus extrêmes que l'on comprend le mieux les comportements humains et que l'on voit émerger les meilleures solutions pour sauver un couple.

CHAPITRE 1
PARTIE 4

Rupture amoureuse

Je me suis très souvent, et surtout de façon obsessionnelle, posé la question de savoir pourquoi l'on en arrive à une rup ature ? Après tout, nous avons vécu plusieurs semaines, mois et années à se dire « C'est la bonne personne pour moi » alors comment se réveille-t-on un matin en se disant « c'est fini ! » ?

Lors de la fausse croyance numéro 3, je vous ai parlé de la chute de mon premier amour parce qu'il manquait au sein de notre relation le plus important : le bonheur. Personne ne peut rester dans une relation lorsque le bien-être n'est plus suffisamment au rendez-vous. Si vous avez vécu une rupture douloureuse, c'est parce que vous pensiez qu'il était possible d'être heureux à deux mais que ce n'était pas le cas de votre partenaire.

Cette obsession que j'ai eue pour tous mes coachés, afin de les aider le plus souvent à sauver leur mariage et leur famille, m'a conduit à faire des découvertes très intéressantes. Je me suis ainsi aperçu qu'il existait pour plus de 3 cas sur 4, deux erreurs principales qui pouvaient provoquer une séparation.

La première erreur est celle de considérer son ou sa partenaire comme un acquis. Je me souviens que mon entraîneur de basket-ball m'avait dit, à l'époque où j'étais encore un adolescent, « J'ai eu quatre enfants avec elle, je pensais qu'elle était acquise, je me suis négligé et un autre homme est venu la faire rire ». Il venait de perdre sa femme et je l'écoutais pendant mes longues heures de déplacement dans le bus. Je ne comprenais pas forcément ce qu'il m'expliquait mais je pouvais lire en lui sa détresse. Ce n'est que lorsque j'ai commencé mes coachings pour thérapie de couple ou pour récupérer son ex-partenaire que cette phrase m'est revenue en tête comme un boomerang.
Si vous considérez que vous n'avez plus rien à faire pour séduire et apporter du bonheur à votre partenaire vous finirez forcément par m'appeler pour me demander de vous aider à le ou la reconquérir. Et croyez-moi, je n'ai surtout pas envie que cela vous arrive.

Alors règle numéro 1 en matière d'amour : personne n'est jamais acquis !

La deuxième erreur est de plus en plus fréquente à mon sens, elle concerne la peur de perdre la personne que vous aimez ou encore la peur de souffrir à cause de vos expériences passées et d'un manque de confiance en soi.

Dans ces conditions vous devrez ABSOLUMENT équilibrer votre vie et entamer un processus de séduction ainsi que de développement personnel, parce que même si l'amour est une discipline complexe, il n'en demeure pas moins une vraie source de bonheur.

Règle numéro 2 en amour : Vous devez croire en vous pour apporter du bonheur à une personne !

16

IDÉE PRÉCONÇUE

NE T'INQUIÈTE PAS TOUT VA BIEN ALLER !

Je ne vous cache pas que je me suis longuement demandé si j'avais pris une bonne décision de travailler pendant plus de 5 ans sur les problématiques de rupture amoureuse. Mais je me dis désormais que si je suis capable de sauver un mariage après des disputes, des conflits et des événements malheureux, alors je crois que je suis capable d'aider chaque personne qui a des ennuis en matière de vie sentimentale ! En effet, il n'y a rien de plus délicat que d'accompagner et de permettre à deux personnes de se remettre ensemble.

Je sais que la plupart d'entre vous diront « Mais récupérer son ex, c'est débile ! Ça veut dire qu'il y a un problème et que ça ne sert à rien de se remettre ensemble ! ». J'aurai pu en faire l'objet d'une fausse croyance mais toutes les reconquêtes ne sont pas une bonne idée je vous l'accorde.

En revanche, si vous avez envie de sauver votre famille, de redorer votre image, d'apporter de vraies preuves de votre changement, vous comprendrez dans cette partie quels sont les grands problèmes d'une vie de couple et comment vous pouvez parfaitement y remédier aujourd'hui.

Mais dans la majorité des cas ce n'est pas cette situation que je rencontre. La première fois où je me suis décidé à me consacrer presque totalement à la reconquête c'était un soir de 2011.

J'ai reçu un email de François qui m'expliquait toute sa situation en détail. Sa femme venait de demander le divorce alors que pendant des mois il avait essayé de se battre afin de lui montrer son changement. Il avait réalisé une thérapie de couple qui n'avait rien donné, pareil pour la discussion en famille, ainsi que pour toutes les preuves qu'il avait essayé d'apporter.

Il se retrouvait dos au mur et m'a demandé de l'aide.
Je ne peux pas publier son email car il était très long et contenait des détails de sa vie intime. Ce que je peux vous dire, c'est que c'était le cri d'alarme d'un homme complètement perdu et dévasté.

De ses mots, j'ai retenu une phrase qui a totalement résonnée en moi : « J'ai compris trop tard que j'aurai dû agir différemment. Alexandre, je m'en veux tellement. Je ne comprends pas ce qu'il s'est passé en moi pour ne pas le faire avant ».

Comme je l'expliquais, le départ de mon père a sonné comme un électrochoc et je me suis réveillé un bon matin avec la même réflexion. Parfois dans la vie nous réalisons des actions sans mesurer leurs conséquences et sans réellement savoir pourquoi.

Je ne connaissais pas François mais je me suis dit que cet homme méritait une nouvelle chance. Quand on a vécu un véritable déclic alors on est en mesure de changer et de tout faire pour obtenir un pardon.

Et je ne me suis pas trompé. Je l'ai rencontré en coaching. C'était un homme très sympathique et plein de bonne volonté. Nous avons travaillé ensemble pendant plusieurs mois pour que je l'aide à associer ses actes à ses paroles.

Très souvent nous avions pour habitude de cibler un des deux points pour montrer un changement. Nous allons beaucoup parler de nos sentiments ou au contraire agir et tenter de faire plein de bonnes choses pour attendrir son ex, son partenaire ou une personne que l'on aimerait séduire.

Si vous voulez prouver votre changement ou ne serait-ce qu'avancer pour vous-même je vous encourage grandement à allier les actes aux mots et vice versa.

J'ai donc demandé à François qu'il se concentre sur lui-même et plutôt que de dire « je ne crie plus » qu'il aille faire un cours de Yoga et qu'il s'essaie tous les jours à faire 10 minutes de méditation. C'est à cet instant que son ex a ressenti la nouveauté alors qu'avant il avait surtout promis de passer à l'action sans jamais rien faire.

De la même manière, il m'a dit : « Alex, j'ai fait du shopping pour changer de look mais elle ne l'a même pas vu ». Je lui ai donc demandé de réaliser un shooting avec un photographe professionnel afin qu'il mette ses nouvelles photos sur les réseaux sociaux. Le résultat a été des dizaines de « j'aime » et de commentaires. Le soir même, son ex lui a demandé pourquoi il avait fait ça ? Elle était en train de se rendre compte de son changement...

Alors oui, quelle que soit votre situation aujourd'hui, vous pouvez tous changer en ciblant les bonnes actions mais pour cela il y a une règle principale à respecter : ne soyez pas attentiste au point d'avoir des problèmes avant de réagir.

" N'attendez pas d'avoir des problèmes avant de réagir... "

Quand je regarde mes expériences, je sais que nombreux sont mes coachés qui se sont épanouis et surtout qui n'auront plus jamais besoin de moi car ils ont eu un vrai déclic. Comme je vous le disais également en introduction, cet ouvrage a été réalisé pour vous éviter de devoir vivre un drame avant de changer. Croyez-moi que perdre la femme ou l'homme que l'on aime, ainsi que sa famille avant de réagir, est une erreur que vous ne reproduirez pas deux fois.

N'attendez pas que les problèmes soient présents avant de réagir.

Vous ne pourrez pas dire que je ne vous avais pas prévenu. Je vous invite même à réaliser une liste de choses à ne pas négliger, à partir d'aujourd'hui, pour avoir une vie sentimentale heureuse.

" Comment combattre une rupture amoureuse ? "

Alors oui je sais c'est fou, mais j'ai pris un grand plaisir à étudier de façon obsessionnelle toutes les crises de couple et les séparations possibles. J'ai passé plus de 10 000 heures au téléphone, par Skype, par Facetime ou en face-à-face à faire le tour de ces questions et à étudier ce qui marche vraiment.

Et vous savez quelle est la meilleure solution ?

Cela ne va pas vous étonner : c'est l'amour rêve ! Je me souviens de Delphine qui pour sauver son mariage avait décidé d'organiser un karting avec son ex-compagnon. Il avait accepté sans grande conviction et ils ont passé un moment mémorable. Par la suite, il était plus réceptif à son discours et à toutes les actions que nous avons menées ensemble. Elle a réussi à le faire revenir à la maison en quelques semaines seulement car elle avait prouvé qu'elle était capable de modifier ses erreurs du passé et forcément de le faire rêver à nouveau.

J'ai raconté cette anecdote en Webinar (une conférence en ligne sur Internet) et j'ai des dizaines de personnes qui l'ont tentée par la suite, avec plus ou moins de succès. La vérité est que ces outils fonctionnent si vous arrivez à bien les utiliser, selon votre situation personnelle. Malheureusement, il n'y a aucune magie en amour et je peux vous garantir que chaque conseil est à adapter selon votre cas spécifique.

Ce que vous devez retenir de cette expérience, c'est que pour sauver votre famille ou votre couple, il est très important de toujours chercher à recréer du bonheur et remettre le positif au centre de toutes les attentions.

Pour aller encore plus loin, je me suis posé une autre question : « Pourquoi un ou une ex revient sur sa décision et se remet en couple ? ».

Il y a de nombreux facteurs sur lesquels on peut jouer comme la culpabilisation, la psychologie inversée ou encore la résurrection mais j'ai déjà écrit un ouvrage complet sur le sujet « 70 conseils de pro pour récupérer son ex » et je voulais ici m'intéresser aux grandes leçons de la reconquête et de mon métier.

17

IDÉE PRÉCONÇUE

L'AMOUR EST AU CENTRE DE TOUT

Je sais que jusqu'à présent vous pensiez que l'amour était simple et instinctif. J'étais comme vous, mais mon métier et mes accompagnements sur le terrain m'ont prouvé que nous avions tort.

J'ai décidé alors d'adopter de nouvelles dispositions, de lire de nouveaux ouvrages et de m'ouvrir à de nouvelles disciplines.

C'est ainsi que je suis arrivé à une conclusion très simple « le développement personnel est à l'origine de notre bonheur ». Nous ne pouvons pas être heureux à deux si nous ne le sommes pas seuls.

Lors de nos nombreux échanges, mon confrère Adrian, love coach basé à Miami, m'a dit une phrase très juste : « On pense qu'on est malheureux après une rupture mais en réalité, on l'était déjà dans la relation ». Et c'est vrai ! Quand on en arrive à la rupture, c'est généralement qu'avant on a tenté beaucoup de choses sans succès. Le mal-être s'était donc installé depuis un bon moment déjà.

Je me suis également aperçu que dans tous mes coachings (et je dis bien tous) j'apportais toujours des exercices et des missions de développement personnel. Cela peut être lié à la confiance en soi, à la socialisation, à la prise de parole en public ou à n'importe quelle branche d'un travail qui va aider une personne à se développer et donc à être plus heureuse.

Si vous vivez une rupture amoureuse aujourd'hui, ce n'est pas parce que vous ne vous vous aimez plus avec votre partenaire même si vous l'avez entendu dire « Je n'ai plus de sentiments pour toi » ou « Je ne t'aime plus ! » mais plutôt parce que votre couple n'apportait plus autant de bonheur que par le passé.

Alors vous devrez accepter toutes les idées présentées dans cet ouvrage, que l'amour Walt Disney n'est pas réel et qu'il faut plutôt vous aider à devenir la meilleure version de vous-même afin de regagner le cœur de cette femme ou de cet homme que vous aimez.

“ Comment peut-on modifier ses habitudes Alex ? ”

Avez-vous déjà réussi à faire changer une situation sans modifier votre comportement ? Je connais déjà la réponse...

J'ai lu une citation d'Albert Einstein qui me permit de mieux faire passer mon message et j'ai décidé de la remanier : « La folie est de répéter une même chose en pensant obtenir un résultat différent ». Et il avait complètement raison !

Si aujourd'hui vous avez vraiment envie d'avoir une vie personnelle et amoureuse heureuse alors vous devez absolument changer votre comportement en commençant par créer un cadre et donc un environnement propice à votre évolution.

Comment vous sentiriez-vous avec un lieu de vie plus agréable, mieux décoré, où respire la bonne humeur ?

Comment vous sentiriez-vous si vous écoutiez plus de musique à la maison pendant les tâches ennuyantes comme le ménage, la cuisine ou autres ? Et comment se sentiraient alors vos proches ?

Comment se passerait votre journée si vous vous fixiez un objectif chaque matin sur lequel toute votre énergie et vos pensées se concentreraient ?

Comment vos relations évolueraient si vous arriviez à donner 100 % de votre énergie à faire plaisir aux autres par des petites actions pensées à l'avance ?

Et enfin, comment votre ex-partenaire vous percevra si vous arrivez à mettre tout cela en place ? Est-ce qu'il ou elle se focalisera sur vos erreurs du passé ou plutôt sur votre changement spectaculaire ?

Prenez une feuille et réalisez ce que j'appelle une dream list. Il s'agit de tous vos rêves et de toutes choses que vous aimeriez accomplir dans votre vie.

Quand j'ai réalisé la mienne, je me répétais « Mais tu es complètement dingue Alex ! ». J'ai réalisé pas mal d'actions déjà et je peux vous dire que j'étais très fier de moi mais il me reste encore quelques rêves un peu fous enfouis dans mon esprit comme le fait de créer un orphelinat en Afrique, de visiter tous les pays du monde, de rencontrer Zinedine Zidane... Et bien plus encore :-)

Vous comprenez l'exercice je pense. L'idée sera de suivre vos envies, de réussir à être guidé(e) par ce que vous désirez le plus au monde.

Si vous arrivez à adopter cet état d'esprit de reconstruction personnelle alors je peux vous garantir que vous accéderez à un nouveau dialogue avec votre ex-partenaire et que vous pourrez exprimer en quoi cette rupture a créé un électrochoc complet, pour que vous puissiez modifier votre quotidien de A à Z.

Et si vous ne vivez pas de rupture amoureuse mais que vous lisez quand même cette partie, je suis sûr que vous saurez comment cet exercice va vous aider à être plus heureux en couple ou à adopter une nouvelle voie de séduction afin d'augmenter votre charme naturel.

“ Ça marche, même si je dois me battre avec mes coachés... ”

Non pas physiquement bien évidemment, mais j’ai eu deux expériences récemment où j’ai dû m’employer à m’imposer devant mes coachés. Parfois vos fausses croyances sont tellement fortes que vous arrivez à dire « Oui ça n’a pas marché mais j’ai raison... ».

Alors que ce soit Patrick ou Annie, je devais absolument leur expliquer que lorsqu’une rupture amoureuse arrivait c’est qu’il y avait forcément une raison mais surtout qu’ils ne pouvaient pas, tous les deux, dire « Notre amour était puissant, je peux le ou la récupérer grâce à cela ».

Pourquoi ? Tout simplement parce que l’amour n’est pas et ne sera jamais plus fort que le bonheur. Vous pouvez aimer une personne à la folie mais si elle n’est pas heureuse elle vous quittera.

Patrick et Annie avaient tous les deux de la difficulté à se mettre à la place de l’autre et surtout à se dire que l’amour qu’ils ressentaient pouvait ne pas être partagé par leur ex-partenaire.

Parfois vous pouvez aimer une personne de façon très intense mais vous vous retrouvez également dans une vision à sens unique, où vous n’écoutez plus les besoins de l’autre et où la relation se dégrade au fur et à mesure.

Mon rôle dans ces conditions consiste à m’imposer, pour leur donner une autre vision des choses et pour qu’ils comprennent bien qu’ils sont dans une voie sans issue. Patrick l’a bien compris et a accepté de mettre de l’eau dans son vin. Il a modifié ses habitudes et entamé un travail pour sortir de sa dépendance affective. Il s’est rendu compte qu’en aimant trop une personne on pouvait parfois subir des effets secondaires, un peu comme pour un médicament. Il a accepté de laisser un espace libre à sa compagne, de ne plus l'étouffer comme par le passé et sa reconquête est en très bonne voie.

Malheureusement ce n'est pas le cas d'Annie qui a préféré suivre son instinct et qui se trouve actuellement toujours au point de départ et qui se demande toujours « Mais je ne comprends pas pourquoi il ne veut pas revenir alors que je fais tout pour l'aimer ».

Si vous n'acceptez pas l'idée des différences entre vous deux alors vous pourrez rester dans l'attente, l'incertitude et les problèmes encore longtemps. Malheureusement tout n'est pas qu'une question d'amour.

18

IDÉE PRÉCONÇUE

NOUS NE POUVONS PAS CHANGER

J'entends très régulièrement « Mais c'est impossible Alex ce que tu me demandes, je ne peux pas changer ! » ou alors « Mon ex pense que je ne peux pas réellement modifier mon comportement, comment lui prouver le contraire ? ».

C'est encore une de nos fausses croyances bien ancrées dans nos esprits « L'être humain ne peut pas changer ».

Et pourtant, j'en suis la preuve vivante au quotidien. Nous pouvons tous évoluer, modifier notre comportement et devenir une meilleure personne jour après jour.

Avant de pratiquer ce métier, j'avais la chance d'être très privilégié et de vivre de ma passion, le basket-ball. Je me souviens d'une fois, en voiture, m'être fait arrêter par la police après un entraînement. Je n'avais aucun papier sur moi et je venais également d'oublier de mettre mon clignotant pour tourner à droite... Mais sinon à part cela, je conduis plutôt bien et je suis très prudent.

Je me fais donc arrêter et j'ai en face de moi un policier qui me reconnaît. Il me parle de la dernière rencontre (heureusement on avait gagné) car il assurait la sécurité à la fin des matchs et il m'explique que je viens de commettre une infraction. Il me demande quand même de sortir de la voiture car ils ont reçu pour ordre de fouiller les véhicules à cause d'un évènement survenu plus tôt dans la soirée et se rendent compte que je conduisais en tenue de fin d'entraînement, à savoir avec des claquettes à la place des chaussures.

Bref, je crois que la seule chose de bien est que j'avais mis ma ceinture de sécurité ! Je me demandais « comment je vais annoncer cette amende et infraction à ma mère ? ».

Le policier me laisse quelques minutes pour aller parler à son supérieur. Coup de chance, je le connaissais aussi car il venait de temps en temps faire la sécurité à nos matchs. Il avance vers moi et me dit « Alexandre, vous êtes sérieux ? ».

J'ai baissé les yeux... Il me redit « Franchement, de toute ma carrière je n'ai jamais vu un jeune homme aussi je m'en foutiste que vous. Qu'est-ce qui vous arrive ? Ce n'est pas l'image que vous renvoyez. »

Et il avait raison, j'étais complètement désintéressé de la situation, des autres, de la vie d'une manière générale.

Je suis reparti ce jour-là sans amende mais j'avais eu la plus belle leçon de ma vie. Il était temps que j'observe les règles et que je donne de l'attention aux choses mais aussi aux personnes qui m'entourent.

Il n'y avait plus un jour de match par la suite où je n'allais pas personnellement les saluer et les remercier de leur présence systématiquement. Mais pas parce qu'ils m'avaient laissé repartir sans contravention. Parce qu'ils m'avaient tout simplement offert une leçon de vie à ce moment-là...

Le jour où je me suis fait contrôler ou plutôt dès le lendemain, j'ai repris en main mes démarches administratives, j'ai décidé de ne plus quitter l'entraînement sans avoir une tenue propice à la conduite, et surtout, j'ai décidé de devenir un homme qui fait attention aux autres.

Ça peut vous paraître absurde mais cet événement m'a permis de changer et aujourd'hui, je crois que c'est la plus belle leçon que je peux vous transmettre : à partir du moment où vous avez un vrai déclic alors tout est possible dans la vie.

“ Pourquoi l’on pense souvent que le changement est impossible ? ”

Si on se replace du point de vue de l’amour, une personne doutera toujours de votre changement car il ou elle reste dans les désillusions du passé. C’est toujours difficile de pardonner ou de se dire que l’on ne souffrira plus jamais des mêmes blessures.

Votre ex ou votre partenaire ne veut surtout plus souffrir et c’est pourquoi vous devrez prouver sur la durée de quoi vous êtes capable.

Si je dois vous donner un conseil, ce serait celui de suivre toutes les recommandations de cet ouvrage et de les mettre en pratique au quotidien, même si les résultats ne viennent pas rapidement.

Vous devrez dorénavant prouver, sur la durée, de quoi vous êtes capable.

“ Ce n’est pas simple mais nécessaire ! ”

Changer n’est jamais une chose simple mais je suis sûr que vous l’avez déjà remarqué dans votre vie. Avant d’avoir ce déclic, j’avais toujours testé plusieurs régimes alimentaires et là encore j’ai trouvé la force de m’y tenir grâce à un électrochoc.

Vous avez aujourd’hui le pouvoir de « hacker » votre cerveau dès lors que vous prenez une décision qui est plus forte que tout.

Je crois qu’il est important à cet instant de tirer une leçon de vie de chaque événement pour garder le courage et la foi en votre évolution.

19

IDÉE PRÉCONÇUE

TOUT EST UNE QUESTION DE SENTIMENTS...

J'ai demandé à 1 000 personnes quelle était la question qu'elles se posaient le plus en matière de rupture amoureuse. Et la réponse principale a été « Est-ce que mon ex m'aime encore ? Est-ce qu'il ou elle a encore des sentiments pour moi ? ».

C'est une question logique car tout le monde veut savoir si la reconquête est possible ou perdue d'avance. Et pourtant, ce genre de question ne vous fera pas du tout avancer. Pareil si vous êtes en couple et que vous vous demandez si votre partenaire vous aime comme aux premiers jours.

Le sentiment d'amour est très souvent encore présent même après une rupture amoureuse mais simplement il est enfoui sous une couche d'émotions négatives, telles que la colère, la tristesse ou encore l'amertume qui amènent votre partenaire à décider de la rupture.

C'est la raison pour laquelle je vous encourage à chaque instant de votre histoire, même si votre partenaire vous annonce une rupture et que vous êtes au bord du gouffre, à focaliser sur le moment présent, sur la prochaine séduction et surtout sur votre personne.

Vous aurez plus de chance d'obtenir une relation durable et heureuse si vous donnez de l'énergie positive et que vous arrivez à faire changer les émotions actuelles de votre partenaire.

La conclusion à laquelle je souhaite vous amener est de ne plus réfléchir comme à votre habitude en fonction des sentiments d'une personne mais plutôt au travers de la notion de bonheur que je vous rabâche depuis le début de ce livre.

“ Est-il possible de modifier les perceptions d’une personne ? ”

La réponse est OUI ! Et c’est une des raisons pour lesquelles j’aime tant mon métier c’est parce que l’on arrive à faire des « miracles » quand on accepte de changer ses habitudes et de se recentrer sur soi-même.

J’ai abordé précédemment l’importance du développement personnel dans la reconquête de son ex-partenaire. Je vais désormais aller plus loin, je considère que l’on peut sauver toutes les histoires en adoptant un nouveau comportement centré sur soi-même.

Cela mérite des précisions. Premièrement, je ne dis pas qu’il n’y aura plus jamais de rupture ou que vous allez sauver votre couple avec 100 % de chances de réussite. Pour autant, aucune situation n’est perdue d’avance et vous pourrez très bien sauver votre histoire, peu importe la situation dans laquelle vous vous trouvez actuellement.

Le deuxième point important est que pour modifier les émotions de votre partenaire, ce n’est généralement pas sur elle ou lui que vous devez agir mais plutôt sur vous-même.

Si vous adoptez un nouveau sourire, que vous modifiez votre image, que vous faites plus de sorties et que vous respirez une vraie joie de vivre alors je peux vous garantir que votre partenaire sera beaucoup plus à votre écoute.

CONCLUSION DE CETTE PARTIE

Je souhaitais conclure cette première partie de mon ouvrage sur les fausses croyances afin de vous inviter à modifier vos habitudes et à prendre l'exacte mesure de votre situation. Vous ne pouvez pas continuer à agir dans une voie qui ne vous apporte pas le bonheur. Je ne dis pas que tout est à changer ou à jeter bien évidemment mais parfois quelques petits ajustements peuvent vous apporter énormément de bien-être.

Sûrement que le premier travail sera sur vous, afin de relancer votre socialisation, de vous faire plaisir au quotidien, de retrouver vos passions, de faire attention à votre image et surtout de ne plus jamais assommer votre partenaire de sentiments ou de vivre un début d'histoire trop rapide.

Êtes-vous prêt à vous recentrer sur vous-même ? À dynamiser votre séduction ou votre couple avec de nouvelles activités et sorties ? À retrouver du plaisir dans votre vie sentimentale ?

Dans la prochaine partie je vais m'ouvrir un peu plus à vous pour vous partager mon quotidien et ma vie de coach.

CHAPITRE 2

Et le métier de coach, ça ressemble à quoi ?

On m'a souvent reproché d'être secret, de ne pas me livrer totalement sur mes expériences personnelles ou sur ma vie. C'est la raison pour laquelle j'ai essayé de m'ouvrir un peu plus à vous dans cet ouvrage, en vous racontant des anecdotes de ma vie ou de celles de mes coachés.

J'ai aussi décidé de faire une partie consacrée à mon métier, notamment à destination de toutes les personnes qui se disent « Pourquoi ne pas devenir coach en Amour moi aussi ? ».

Vous trouverez ici des détails sur mes débuts, sur mon parcours et sur les questions que l'on me pose le plus souvent.

Il s'agit donc d'une partie un peu plus personnelle et intime mais vous y trouverez également des éléments importants, donc je vous suggère de la lire attentivement !

“ Alex comment tu as décidé de devenir love coach ? ”

Sans vouloir me jeter des fleurs, je pense être quelqu’un de très humain. Dès mon plus jeune âge, dès que j’avais quelques pièces en main, c’était pour les donner à une personne qui était dans le besoin. Et dès que j’avais un billet mon frère me le piquait !

J’ai toujours eu cette envie d’aider les autres, de contribuer à faire grandir notre société et je crois qu’aujourd’hui, je me rends compte à quel point elle va mal à tous les niveaux et que chacun doit agir davantage à sa manière.

Pour revenir à cette question, qui finalement est celle qui me revient le plus souvent, j’ai décidé de vous raconter comment un soir de mars 2007 j’ai décidé d’entreprendre un projet finalement plutôt fou, celui de devenir coach en amour. Un très bon ami à moi m’appelait tous les jours de la semaine pour me raconter ce qu’il se passait avec sa copine. J’étais en immersion complète dans sa relation qui battait de l’aile. Sa copine lui reprochait de trop l’étouffer, d’être en demande et de manquer de personnalité.

Alors forcément je lui avais conseillé de penser à lui et d’être distant dans ses contacts, de limiter ses messages. Une sorte de « fuis moi, je te suis » amélioré dont je vous ai parlé dans la partie séduction.

En l’espace d’une semaine, il avait réussi à inverser la tendance et il était fier de revoir sa chérie totalement amoureuse et en demande. Je lui ai alors dit sur le ton de l’humour, mais avec une première pointe de réflexion « Je suis trop fort, je vais devenir coach en séduction ! ».

Après tout, si je l’avais fait pour Julien pourquoi ne pas le faire pour tout le monde ? C’est plutôt sympa de donner son avis aux autres et de les aider.

Et j'avais entièrement raison… Le love coaching était une discipline encore méconnue il y a 10 ans mais qui est désormais en plein boom. Avec plus de 13 millions de visiteurs sur l'ensemble de mes sites je peux vous dire que vous êtes nombreuses et nombreux à rechercher des conseils.

En revanche, j'avais complètement tort à l'idée qu'il serait simple de coacher, qu'il me suffisait de faire comme avec Julien et de dire ce que je pensais être la bonne solution.

Je suis donc passé par la case formation, pas forcément dans le domaine amoureux mais plutôt dans celui du développement personnel. J'ai lu de nombreux ouvrages, assisté à des séminaires notamment ceux de Tony Robbins, mais j'ai également suivi une formation de coach et une autre de Programmation Neuro Linguistique (PNL).

En toute franchise, quand je me présente à une personne inconnue je suis encore gêné de dire « Je suis coach en Amour » et pourtant je ne me verrai absolument pas faire un autre métier tant j'ai dédié mes 10 dernières années à mes coachés, à mes articles, à mes vidéos, à ma vie de coach tout simplement.

Comme je vous l'ai dit dans la première partie, je pense que tout le monde peut avoir besoin d'un coach à un moment donné de sa vie. Bien évidemment faire appel à un conseiller sentimental sept jours sur sept n'aurait aucun sens mais je vous encourage à prendre contact de temps en temps avec un membre de mon équipe ou avec moi-même afin de vous aider à toujours donner le meilleur de vous-même !

Pour résumer, je dirai qu'au départ c'était un pari audacieux mais qu'une fois qu'on possède son propre site internet on se prend très vite au jeu et on se retrouve à accompagner des milliers de personnes sur des problèmes tabous mais bien réels.

Encore une fois, l'amour n'est pas inné, cela s'apprend et c'est votre (notre) plus grand challenge de vie à mes yeux.

" Mais du coup c'est comme dans l'émission confessions intimes ? "

Le coaching amoureux est très loin de l'image que la télé ou la télé réalité vous dévoile. Disons-le franchement, ces émissions ne sont pas là pour vous instruire ou transmettre de réelles solutions. Leur but est plutôt de faire de l'audimat et du sensationnel.

Alors non, comme vous avez pu l'apercevoir avec cet ouvrage et toutes les expériences auxquelles je fais référence, je coache des personnes très différentes mais qui ont toutes un réel problème d'épanouissement.

J'ai eu la chance d'accompagner des personnes de 16 ans (avec une autorisation parentale) à 72 ans. Des salariés, des chefs d'entreprise, des hommes ou femmes politiques, des artistes, des étudiants, en France, au Maroc, à Tahiti, en Australie, aux USA, en Thaïlande, à Singapour, à Dubaï...

Vous l'avez compris, tout le monde peut être touché par des problèmes en amour et ce n'est pas la même représentation que ce que vous voyez dans les émissions comme confessions intimes (disons même les merdes télévisuelles !).

Je vais même aller en profondeur et je vais vous expliquer pourquoi je crois que tout le monde a besoin d'un coach (moi y compris).

Je faisais la réflexion il y a une heure à une jeune femme que je coachais qui m'a dit « Tu dois avoir le couple le plus parfait du monde ». J'essaye de l'avoir mais comme vous, j'ai des émotions à gérer et ce n'est pas toujours simple.

J'ai compris avec le sport et avec mon métier que lorsqu'un être humain ne réalise plus d'efforts pour se surpasser alors il se retrouve très vite en situation de chute.

En d'autres termes, si vous ne prenez pas le temps d'investir votre énergie et votre attention à changer vos mauvaises habitudes ou à mettre de la nouveauté dans votre vie, vous risquez très rapidement de vous retrouver avec des problèmes, même si vous conservez certains efforts habituels, ce n'est tout simplement pas suffisant.

Il faut vraiment chercher le petit plus pour toujours s'améliorer sous peine d'avoir besoin d'un coach pour résoudre vos problèmes.

Alors un petit conseil, réservez une séance de coaching AVANT d'avoir des problèmes, c'est toujours plus agréable je peux vous le garantir.

" Comment on coache une personne ? "

C'est sûrement la meilleure question que j'ai reçue pour pouvoir parler librement de mon expertise. Je vais vous raconter une anecdote pour bien illustrer ma manière de fonctionner. J'ai guidé une femme de 35 ans qui a demandé à rester anonyme car il s'agit d'une personnalité très connue et cela la gênait que je cite son prénom.

Quand elle est venue me voir, elle m'a dit « Cher Alexandre, je ne sais pas pourquoi je suis célibataire. J'ai l'impression de toujours attirer les hommes qui ne m'intéressent pas mais jamais l'inverse. J'ai besoin de votre aide pour aller de l'avant et rencontrer un homme qui saura me combler ».

C'est un cas plutôt classique que je rencontre fréquemment. Ma première étape a été de lui poser de nombreuses questions afin d'en savoir plus sur ses rencontres amoureuses. N'oubliez pas l'iceberg et sa partie invisible. J'avais besoin d'étudier ce qu'elle ne voyait pas.

Je me suis rendu compte que par son métier et par son statut social, elle s'était complètement fermée à la socialisation et à la séduction. Alors oui, elle était plutôt dynamique, souriante et très ouverte d'esprit mais elle avait développé inconsciemment une forme de rupture avec les autres.

Du coup, dès qu'un homme l'intéressait elle renvoyait immédiatement l'image d'une femme qui ne l'est pas !

C'était dans son inconscient et elle était incapable de s'en rendre compte.

Quand je reçois une personne en coaching, je m'intéresse absolument à la face cachée et aux leviers qui me semblent importants pour l'aider à atteindre ses objectifs.

Qu'est-ce que vous lui auriez proposé ? Si cette femme était votre amie qu'est-ce que vous lui auriez demandé de réaliser comme action ?

La première étape d'un coaching avec moi (ce qui n'est pas le cas de tous les coachs, nous avons chacun notre propre philosophie) est de modifier les habitudes. Je lui ai demandé de quitter les sites de rencontres, de rompre la relation avec ses sex friends et bien évidemment de me fournir son agenda complet pour que je puisse combler les vides par de nouvelles activités.

Elle m'a rétorqué « Alexandre, je ne souhaite surtout pas réaliser de speed dating. Je ne veux pas non plus sortir dans les clubs pour faire des rencontres, c'est trop étrange pour moi ».

À cet instant, je l'ai rassurée et c'est là que je me distingue, je pense, le plus des autres coachs notamment en intégrant une dimension de développement personnel. Je lui ai dit « Pendant les premières semaines, nous n'allons pas chercher à rencontrer l'amour mais plutôt à te challenger pour que tu puisses devenir plus sociable et plus ouverte. Je sais que tu l'es déjà mais j'ai besoin de m'assurer que tu peux accomplir les missions que je te propose ».

Je lui ai donc demandé d'aborder 100 personnes avec différentes phrases d'approche, que ce soient des hommes ou des femmes. Je savais qu'elle en était capable mais je voulais simplement qu'elle en reprenne l'habitude, qu'elle s'ouvre à l'inconnu, qu'elle se détende inconsciemment le jour où elle croisera un « beau gosse » pour reprendre ses termes.

En parallèle de cette action, je lui ai demandé de faire attention à son image et surtout à son langage corporel. Elle devait sourire et regarder dans les yeux chaque personne qu'elle croise.

Pourquoi ? Là encore pour adoucir sa présentation, pour renforcer son charme et pour développer sa séduction naturelle.

Rien de bien exceptionnel vous me direz ? Et pourtant, c'est en réalisant ces exercices très simples mais surtout parce que j'avais bien ciblé sa problématique principale qu'en l'espace de 3 semaines elle s'est fait aborder dans un café alors qu'elle était avec une amie, que l'homme a pris son courage à deux mains (peut-être grâce à leur échange de sourire ?) et qu'elle est actuellement en train de le découvrir pour voir s'ils peuvent aller plus loin.

Tout cela pour vous dire que le coaching en amour (que ce soit en séduction ou dans la vie de couple) ne cherchera jamais à vous transformer mais qu'en réalité, si vous arrivez à bien cibler la cause exacte de votre problématique alors vous aurez toutes vos chances d'obtenir de bons résultats.

En résumé, quand je coache une personne, je l'aide à définir des actions ciblées sur un point d'évolution inconscient qui a tendance à débloquer toute la suite !

Je trouve cela astucieux et ça marche plutôt bien parce que ça soulage le stress de votre pensée « Il faut que je trouve l'amour » ou de « Je dois absolument sauver mon couple ». Quand on travaille sur la source originelle du problème on prend plus de plaisir et on obtient plus de résultats.

" Quelles ont été les expériences les plus touchantes ? "

J'ai écrit des mots qui peuvent sonner fort dans cet ouvrage mais je vous le garantis, ce métier m'a vraiment appris la vie !

Quand vous démarrez votre activité de coach, vous ressentez une belle dose de stress de pouvoir aider des inconnus. Lors de mon deuxième coaching, j'ai pris une claque monumentale qui me sert encore aujourd'hui à affiner ma philosophie.

La première claque que j'ai reçue dans ma vie...

J'ai reçu un appel de Magalie, une femme de 30 ans qui était mariée depuis quelques mois. Elle m'a contacté parce que rien n'allait plus dans son couple à cause de son manque de confiance en elle. Je lui ai donné rendez-vous dans un endroit calme et convivial, parfait pour une première séance de coaching.

Lorsqu'elle est arrivée, j'ai vu une femme très souriante, joviale, avec une belle énergie qui se présentait à moi. Sincèrement personne ne pouvait prétendre qu'elle n'avait pas confiance en elle. Au fil de la discussion elle m'a parlé de son quotidien, de ses envies et de tout ce qu'elle reprochait à son homme. Rien n'était jamais assez bien pour elle. « Alexandre, il ne communique jamais. À la maison je dois tout faire. Il ne parle pas d'avoir des enfants ou d'acheter une maison. Il est très froid et je dois toujours lui prendre la main dans la rue.»

Je me suis dit que c'était une situation classique que j'avais déjà vue dans mes formations et que j'allais facilement pouvoir l'aider.

J'ai donc commencé à lui expliquer que la vie de couple pouvait parfois être compliquée et qu'elle devrait cibler les actions immédiates à mettre en place pour que son homme s'ouvre un peu à elle.

Sauf qu'elle a continué à me faire l'étalage des reproches à son homme. « Il est trop amoureux et ne sait pas me dire Non. Il programme toujours des week-ends pour qu'on soit que tous les deux. Il me dit trop souvent qu'il m'aime et ça me perturbe. »

Ne voyez-vous pas un problème ici ?

Magalie venait de me présenter des reproches complètement à l'opposé les uns des autres.

Je me suis dit « Attends Alex, là il y a un truc qui cloche. Un coup il n'est pas assez amoureux et investi et puis après il l'est justement trop ».

En discutant avec elle, j'ai compris que Magalie avait un très grand manque de lâcher prise. Chaque phrase était un reproche du passé. Je me suis dit qu'il y avait forcément un problème plus profond. Mais lequel ?

Souvenez-vous qu'à l'époque, je n'avais eu qu'un seul autre coaching et donc peu d'expérience « de terrain ».

J'ai donc creusé, posé des questions, reformulé mes phrases, utilisé la suggestion et la visualisation pour voir comment elle voyait son futur. J'en suis arrivé à une conclusion « Elle ne doit vraiment pas être heureuse intérieurement ». Elle voyait tout en noir et chaque phrase indiquait un manque de confiance envers son homme.

Comment une femme pouvait être aussi malheureuse, stressée et dans la peur alors qu'elle venait d'épouser son homme il y a seulement quelques mois ? Son quotidien n'était pas si désagréable en fait, elle avait simplement un mal-être profond lié à son passé.

Je l'ai compris et j'ai décidé d'explorer cette piste.

J'ai reçu une claque de plein fouet car elle m'a livré des détails de sa vie, de son enfance et elle a fondu en larmes. Je me suis retrouvé con. J'étais extrêmement touché par son parcours et sa force de caractère.

Cette femme si géniale avait subi des attouchements sexuels dans son enfance et tout cela avait changé sa perception de la vie et forcément des hommes.

Cette expérience est à l'origine de ma méthode de coaching, de mes idéologies et j'apprends énormément de chaque rencontre. J'ai aidé

Magalie à se centrer sur elle-même et à développer cet amour rêve dont le futur pouvait parfaitement être la définition de ses envies.

Je n'ai pas la prétention de dire qu'elle a surmonté son passé mais elle est aujourd'hui plus heureuse, toujours avec son homme et surtout, elle avance vers ses buts et ses rêves. Je tenais absolument à lui rendre hommage ainsi qu'à toutes les femmes et tous les hommes qui ont vécu une telle situation.

La deuxième claque de ma vie...

J'ai aussi eu une expérience touchante avec Frédéric, victime de bipolarité et qui m'a dit « Merci Alexandre de me voir comme n'importe quelle autre personne et de me mettre un coup de pied aux fesses ».

Je ne vous cacherai pas que j'ai quelques larmes qui me viennent rien qu'en y repensant parce que j'ai rencontré des personnes formidables. Il y a aussi Laurent, qui était handicapé, ou Sophie plus dernièrement, qui est en fauteuil roulant et qui participe à ma formation « Trouver mon homme idéal ».

Chaque personne m'a appris à me recentrer et à m'améliorer en tant que coach. Je suis loin d'être parfait mais j'ai donné le meilleur pour chacun.

J'ai aussi eu des expériences plus « drôles »...

Si je devais à l'inverse évoquer la situation la plus amusante, ce serait celle de Laurent, homme installé en Corse et qui me demandait toujours de récupérer sa compagne. Chaque trois mois je recevais par email de sa part une demande de coaching et nous partions ensemble pendant un à deux mois de coaching.

Il retrouvait sa femme et puis le schéma se répétait sans cesse jusqu'à dernièrement où il a réussi à se détacher d'elle et à se dire qu'il pouvait être plus heureux différemment.
Cet homme est devenu un ami au fil du temps et je lui ai demandé d'arrêter de vouloir récupérer une personne avec qui il n'était pas heureux. Parfois l'amour fait mal, vous donne des coups et vous vous accrochez par peur de vous retrouver seul.

Laurent a réussi à accepter cette idée et à se faire violence pour ne plus être en demande, pour exister pour lui-même, pour sortir d'une dépendance affective qu'il traînait depuis plus de 10 années.

J'ai qualifié cette expérience de la plus « drôle » parce qu'on en rigole aujourd'hui et que je sais qu'il est épanoui. À chaque fois je lui disais « bon cette fois tu conserves ton équilibre personnel et on ne se rappelle plus jamais sauf pour se souhaiter la bonne année » mais je me doutais que trois mois plus tard il allait revenir car il était extrêmement dépendant de cette femme.

La morale, car j'essaye toujours de mettre en avant les solutions, c'est que vous pouvez réellement vaincre une dépendance affective à partir du moment où vous le décidez.

“ Comment se déroule une de tes journées type ? ”

Quand j'ai reçu cette question pour la première fois d'un journaliste je lui ai répondu « ça commence tôt et ça termine tard (rire) ».

J'ai la chance de me considérer comme un entrepreneur et de pouvoir aujourd'hui compter sur une équipe de 10 collaborateurs qui m'aident à me mettre dans les meilleures dispositions. Cela me permet d'essayer de ne pas avoir deux fois la même journée... Vous voyez, je combats la routine par tous les moyens !

Plus sérieusement je suis un adepte de la routine matinale bien que je n'aie pas lu « Miracle morning », un livre qui fait sensation actuellement. Depuis plusieurs années déjà je me conditionne chaque matin à réussir ma journée et si c'est un travail que vous ne réalisez pas encore je vous encourage vraiment à changer votre routine matinale.

Je me réveille donc chaque jour à 5 h 30 et je prends une petite heure avant d'arriver au bureau pour écouter de la musique, méditer sur les tâches importantes et mes objectifs de la journée, faire des étirements et du sport ainsi que prendre un petit déjeuner qui ressemble le plus souvent à un café à emporter.

J'arrive au bureau aux alentours de 6 h 30 et j'ouvre immédiatement mes emails pour voir si je n'ai pas d'urgences que ce soit de la part de mon équipe en France ou de mes coachés. C'est important pour moi d'arriver tôt au bureau car il y a toujours le décalage horaire avec la France. Je travaille à l'ancienne et je n'ai pas encore d'assistante puisque je veux un contact direct avec chaque personne.

Forcément, le revers de la médaille est que pendant 14 heures je vais enchaîner les séances de coaching, l'écriture d'articles ou le tournage de vidéos ainsi que les rendez-vous avec différents partenaires comme Francis, qui m'aide pour la gestion de mes réseaux sociaux (et à qui je dis un grand MERCI), Mathilde qui m'accompagne pour la relation presse et partenaires (MERCI à toi aussi) ainsi que Jonathan, un ami qui m'aide à prendre du recul sur ce travail et à être toujours lucide.
Je ne peux pas donner de précisions car chaque jour est différent mais je coache plus de 10 heures entre les appels et les emails et

je crois avoir trouvé mon rythme car il y a forcément un décalage horaire entre mes coachés qui sont en Asie, en Australie, en Europe et moi aux USA.

La fin de la journée est consacrée à ma compagne, mes proches, au sport et à la lecture. J'aime bien être invité à manger parce que je n'ai pas le temps et avouons-le les compétences de me faire des bons petits plats, donc si vous avez envie de m'avoir pour un dîner lorsque je suis en France, vous savez ce qu'il vous reste à faire !!!

Je dirais que c'est un quotidien plutôt classique avec quand même de bonnes journées de travail où j'essaye tout simplement de donner le meilleur et d'apporter une vraie valeur ajoutée à mes coachés et à mes visiteurs.

Petit moment de publicité, n'hésitez pas à visiter ma chaîne YouTube, ma page Facebook ou bien évidemment mon site Internet pour retrouver mes dernières actualités.

" Quel regard tu portes sur ta vie quotidienne ? "

Je crois vraiment qu'il n'y a rien de plus beau que de savoir que l'on aide une personne à s'épanouir. Je me répète un peu je crois, mais je tenais à vous dire à quel point je fais un métier exceptionnel même si ce n'est pas facile tous les jours car nous pouvons être confrontés, mon équipe et moi-même, à des personnes fragiles, en manque d'amour ou tout simplement en perte de repères.

Pour autant, chaque coaching est placé sous le signe de l'amour de soi. Je pense à Emmanuel qui me disait dans un email « je donne ma confiance trop rapidement », mais aussi à Julien « Je me sabote tout seul, tellement j'ai peur de souffrir » ou encore une personne anonyme qui m'a écrit « je m'engage toujours plus vite que l'autre ».

Je sais que beaucoup d'entre vous se retrouveront dans ces phrases car il n'est jamais simple de se construire personnellement et de trouver une paix intérieure.

Loin de moi l'envie de faire de la philosophie mais simplement vous parler d'une personne qui a changé ma vie.

Avant de le connaître, j'avais complètement peur de parler en public. Mais grâce à lui j'ai transformé l'idée « J'ai peur de me planter et qu'on se fiche de moi » en « Je veux distraire et faire rire les autres ».

Avant de le connaître, j'avais peur de ne pas être à la hauteur. J'ai transformé « je ne suis pas capable de » en « je donne le meilleur et c'est suffisant ».

Avant de le connaître, j'avais des doutes sur ma capacité à être heureux, mais désormais je me dis que ma vie est quand même mieux que celle d'un Syrien ou d'un enfant du tiers-monde.

Avant de le connaître je me demandais comment j'allais changer le monde, désormais j'ai un plan précis dans ma tête.

Cette personne est en réalité mon parcours de vie, mes désillusions mais aussi mes réussites et vous savez quoi ? Je ne suis pas mieux que vous, ni plus intelligent ni plus fort. J'ai réalisé un grand travail sur moi-même que vous pouvez également mettre en place pour vous dire que vous avez le droit de vivre vos rêves et que vous aurez forcément besoin de l'amour pour ça.

Quelque chose me dit que nous allons même écrire nos rêves ensemble et échanger nos astuces pour que l'amour devienne encore plus beau.

“ Je suis devenu très riche de 20 millions... d’amis ! ”

J’ai une confidence à vous faire. À mes débuts, j’étais un coach extrêmement sérieux, toujours en costume cravate, parce que je souhaitais absolument professionnaliser ce formidable métier que j’adore.

Aujourd’hui je me surprends à aller déjeuner et voir des coachés en dehors du cadre professionnel pour entrevoir des projets, pour échanger sur nos expériences, pour apprendre d’eux tout simplement.

Ma plus belle récompense n’est pas de m’être fait reconnaître plusieurs fois dans la rue ou au restaurant, même si on a l’impression d’être une star. Non, mon plus grand bonheur est de me dire que j’ai 20 millions d’amis principalement en France et partout dans le monde si j’observe les statistiques de mes différentes sources (site internet, youtube, facebook...).

Cela fait de moi un homme très riche et je crois naturellement qu’il fallait que je vous remercie du fond du cœur en vous offrant ce que j’estime être le livre le plus abouti de ma carrière de coach.

Comme je vous l’ai dit au tout début de l’introduction. Il m’a coûté de nombreuses barres de chocolat et de nuits blanches, mais j’en suis fier et j’espère sincèrement qu’il saura répondre à vos attentes ou qu’il vous éveillera tout simplement à l’amour d’aujourd’hui.

Arrêtons le sentimentalisme et passons aux choses sérieuses. Dans la dernière partie de cet ouvrage je tenais à vous challenger. Allez-vous réellement adopter l’amour rêve dans votre vie ?

CHAPITRE 3

C'est le moment de passer à l'action

Place à l'action désormais, car je tenais absolument à vous faire réfléchir sur vos comportements mais également à vous aider à poser la première pierre de votre nouvelle vie sentimentale. Vous retrouverez dans cette partie les règles à retenir pour profiter pleinement de cet ouvrage, les questions choc à vous poser immédiatement, pour devenir acteur ou actrice de votre vie amoureuse sans oublier ma liste de challenges avec les actions du quotidien, et celles, plus rares, qui vous aideront à toujours innover.

CHAPITRE 3
PARTIE 1

Quelles sont 10 règles indispensables à retenir de ce livre ?

Règle 1 : Chaque problème a une solution

On me demande souvent : « Alex, est-ce que tu penses pouvoir m'aider, car mon cas personnel est vraiment très spécifique. »
La réponse que je donne systématiquement est que chaque problème a une solution et qu'il faut absolument cibler la source exacte du problème afin d'être capable de le résoudre.

Règle 2 : On vous aime pour ce que vous êtes et non pour ce que vous donnez

Je veux que vous arriviez à ne plus voir l'amour comme un don de sa personne à l'autre, mais plutôt comme le rayonnement de votre personnalité qui vous aidera à être unique aux yeux de celui/celle que vous aurez choisi(e) pour partager votre vie.

Règle 3 : On se doit de comprendre l'autre, dans ses différences

N'oubliez pas que le passé personnel peut expliquer presque tous nos comportements amoureux et qu'il vous faudra comprendre l'autre dans ses différences, pour obtenir une vie sentimentale plus stable et plus épanouissante.

Règle 4 : Soyez heureux ou heureuse seul(e) avant de viser l'objectif couple

N'attendez pas que l'amour vous tombe dessus ou que la présence d'une autre personne vous apporte automatiquement de la joie. Il y a un vrai bonheur personnel à aller chercher AVANT de se mettre en couple. Ce comportement vous évitera, en plus, de tomber dans la dépendance affective.

Règle 5 : Profitez, vivez, innovez

Vous devez mettre en place de la nouveauté, pour plus de bonheur et plus d'épanouissement dans votre vie sentimentale. C'est le moment de laisser parler VOS ENVIES et de chercher à vivre le moment présent, à fond !

Règle 6 : Ne vous mettez pas en couple juste pour l'être, vous méritez mieux

Le couple est synonyme de bonheur profond, c'est une certitude, néanmoins vous devez toujours chercher à créer VOTRE propre histoire ou votre propre définition de l'amour. Ne vous mettez pas en couple par défaut. Sélectionnez avec soin votre histoire pour en tirer le meilleur parti !

Règle 7 : Appréciez ce que vous avez mais cherchez toujours le petit plus

Il est très important de savoir savourer sa vie sentimentale et ce qu'elle nous apporte au quotidien. Mais il tout aussi primordial de ne jamais se reposer sur ses lauriers, de ne pas prendre pour acquis ce que vous possédez et de chercher à obtenir plus, pour justement entretenir la flamme ou même se donner les moyens de vaincre son célibat...

Règle 8 : Attention à ne pas trop se focaliser sur les besoins de l'autre...

Jusqu'à maintenant vous aviez pour vision qu'il fallait donner de l'amour à une personne et répondre à tous ses besoins, même si cela vous empêchait d'être vous-même. Désormais nous allons faire parler votre personnalité, et vous deviendrez essentiel(le) aux yeux de votre moitié !

Règle 9 : Faites-vous confiance pour obtenir un vrai bonheur !

Vous avez toutes les qualités et tous les ingrédients pour obtenir un véritable bien-être dans votre vie sentimentale et dans votre vie personnelle. Prenez conscience de vos désirs et oubliez les « casseroles » de votre passé amoureux. Aujourd'hui est le premier jour du reste de votre vie.

Règle 10 : Le fuis-moi, je te suis vous permet aussi de rayonner pour VOUS

Appliquer le fuis-moi, je te suis ne signifie pas forcément être dans la négativité ou souffrir en silence. Vous pouvez et devez, dès à présent, EQUILIBRER vos vies pour obtenir le maximum des différentes sources d'amour : amis, famille, travail, vie personnelle et forcément amour en couple.

CHAPITRE 3
PARTIE 2

10 questions chocs

Avez-vous déjà vu une personne mourir après un « râteau » ?
Non, alors qu'est-ce que vous attendez pour « aborder » et vous socialiser un maximum ?

Êtes-vous une belle personne ?
Oui, alors n'oubliez pas de rayonner et de vous faire confiance jusqu'à être égoïste au sens positif du terme !

Quand est-ce la dernière fois que vous avez fait une nouvelle activité ?
Laissez parler vos envies, vous méritez de vivre de nouvelles émotions !

Vos amis vous ont-ils déjà donné de bons conseils ?
Non, alors arrêtez de leur parler de votre vie amoureuse, car vous déprimerez encore plus !

Êtes-vous heureux (se) à l'heure actuelle ?
Cette question doit devenir votre point d'ancrage...

Quelle serait la vie sentimentale de vos rêves ?
Prenez le temps d'y réfléchir, et n'hésitez pas à l'écrire voire à la dessiner, ce sera un signal fort pour votre cerveau !

Comment allez-vous devenir acteur ou actrice de votre vie amoureuse ?
Définissez des actions et des dates limite pour être sûr(e) de passer à l'action !

Quelles sont les premières actions que vous pourriez réaliser pour obtenir plus de bonheur avec votre partenaire ? Pour attirer les bonnes personnes à vous ?
N'hésitez pas à en faire une liste longue...
Cela vous motivera pour changer véritablement et pour donner le meilleur de vous-même.

Qu'aimeriez-vous changer sur vous ?
Et si vous pensiez à un relooking ? J'ai un membre de mon équipe qui peut vous aider à obtenir l'image dont vous rêvez et qui vous corresponde vraiment !

Dernière question, voulez-vous aussi obtenir des résultats comme mes coachés ?
Alors une chose à faire, rompre avec vos mauvaises habitudes inconscientes !

CHAPITRE 3
PARTIE 3

La liste des challenges

Pour pouvoir vous aider à être proactif ou proactive, que vous soyez en couple ou célibataire, j'ai réalisé une petite liste d'activités ou actions à mettre en place. N'hésitez pas à réfléchir de votre côté, je suis sûr que vous pourriez améliorer ces petits challenges en ajoutant une touche personnelle !

Je mettrai cette liste à jour sur mon site internet, alors n'hésitez pas à m'écrire pour me faire des comptes rendus et pour partager vos bonnes idées.

LES OBLIGATIONS

1/ Par pitié, laissez votre téléphone et candy crush ou pokemon go de côté... ça détruit une séduction ou un couple !

2/ Ne refaites jamais deux fois la même chose...
C'est le meilleur moyen de conserver des émotions fortes !

3/ Ayez de l'avance et n'hésitez pas à prévoir vos 4 prochains weekends avec une activité unique dans votre vie... Vous aurez beaucoup plus de chances de trouver l'amour ou d'obtenir un couple heureux !

Quelques idées : SPA, karting, randonnées, billard, petit concert, parc d'attractions, visite d'une ville...

4/ Tout part de la modification de votre environnement ! Changez la décoration de votre appartement, notez des phrases positives sur un post-it, mettez de la joie et du bonheur dans votre vie en changeant vos mauvaises habitudes !

5/ Tous mes coachés sont unanimes sur un point : le pouvoir de l'objectif. Levez-vous chaque matin pour déterminer ce que vous allez faire de votre journée, pour diffuser plus d'amour. Cela peut être de parler à un(e) inconnu(e) ou de serrer fort vos enfants dans vos bras en leur disant « Je t'aime » ... Mais donnez-vous un micro challenge chaque matin et notez-le sur une feuille pour envoyer des signaux à votre cerveau.

CÉLIBATAIRE

1/ Aborder au moins 100 personnes pour retrouver les joies de la socialisation.

2/ Proposer un premier rendez-vous atypique.

3/ Pour conclure, direction la patinoire (mes coachés y ont 100 % de réussite !)

4/ Réalisez 3 challenges dans votre quotidien : prendre un cours de Salsa, apprendre à faire des sushis, apprendre à faire des cocktails !

5/ Organisez un apéro, à la maison, pour vous socialiser et demander à vos ami(e)s de venir accompagnés d'une personne que vous ne connaissez pas.

6/ N'hésitez pas à créer une zone d'intimité, en installant des surnoms marrants ou un jeu de questions pour vous découvrir avec votre cible.

7/ N'oubliez pas la règle du charisme : on se tient droit, on sourit et on parle fort...

8/ Soyez plus actif, active, sur les réseaux sociaux et changez vos photos régulièrement pour attirer les regards.

9/ Faites une liste de 5 à 10 personnes de votre entourage qui peuvent vous intéresser.

10/ LANCEZ VOUS ! Personne ne vous mangera :)

EN COUPLE

1/ Prenez une nounou et pensez aussi à votre vie personnelle, ainsi qu'à votre couple !

2/ Remerciez votre partenaire pour les petites choses du quotidien qui semblent insignifiantes.

3/ Adieu le ciné et place au théâtre, concert ou opéra.

4/ Cuisinez à deux au moins une fois par mois !

5/ Instaurez des jeux quand vous avez des indécisions : pierre-feuille-ciseaux pour savoir qui cuisine ou range la table. Faites-le dans la bonne humeur bien sûr !

6/ Célébrez plus ! C'est tous les jours la Saint-Valentin, et les cadeaux ou attentions font toujours plaisir !

7/ Développer la libido et la sexualité en utilisant des déguisements, des perruques, sans oublier les bougies et l'ambiance érotico romantique !

8/ Faites un VRAI massage, au moins une fois par mois à votre partenaire.

9/ Apportez-lui le petit déjeuner au lit au moins une fois par mois !

10/ Offrez-lui une fleur, sans raison.

Et n'oubliez pas les essentiels, comme la lingerie, les sextos, les sorties sociales, la planification du prochain voyage et une vision commune pour un avenir radieux.

Printed in Great Britain
by Amazon

46444941R00095